# Sie wiesen auf Jesus

Herausgegeben
von
Arno Pagel

Verlag der
Francke-Buchhandlung GmbH
Marburg an der Lahn

1. Auflage 1975
2. Auflage 1976
3. Auflage 1978

ISBN 3 920345 49 5

# Inhaltsverzeichnis

# Vorwort

Es gibt Christen, die sagen: »Nächst der Bibel werden wir durch das Lesen von Lebensbeschreibungen von Kindern Gottes am meisten gesegnet.« Ihre Zahl nimmt allerdings – leider – ab. Aber nur zu unserm inneren Schaden entziehen wir uns der Mahnung der Heiligen Schrift: »Gedenket an eure Lehrer, die euch das Wort Gottes gesagt haben; ihr Ende schauet an und folget ihrem Glauben nach« (Hebr. 13, 7). Wir sollten der »Wolke von Zeugen« gedenken, derer, die vor uns geglaubt, gewirkt, gekämpft und gelitten haben und die nun am ewigen Ziel sind. Dadurch kann uns ein Stück Hilfe und Wegleitung für unseren Weg heute geboten werden.

Eine Gefahr soll nicht verschwiegen werden: daß Lebensbeschreibungen die dargestellten Menschen unerlaubt verherrlichen. Wer die in unserm Buch gesammelten Lebensüberblicke liest, wird aber hoffentlich merken, daß diese heimgegangenen Jünger und Zeugen die Ehre ihres Herrn suchen und ihren Brüdern dienen wollten. Sie weisen nicht auf sich, sondern auf Jesus.

Die Beiträge des Bandes sind kurz. Es geht nicht um vollständige Lebensübersichten, sondern um das Charakteristische, das den Zeugen durch die Führung und Prägung ihres Herrn eigen war. Es wird etwas sichtbar davon, wie mannigfaltig und original Gott die Seinen leitet und in seinem Reich gebraucht. Vielleicht kommt mancher auf den »Geschmack« und greift auch einmal nach einer umfangreicheren Biographie.

Die ausgewählten Persönlichkeiten hatten im Bereich des Pietismus – in Landeskirchen und Freikirchen – ihre geistliche Heimat. Zu ihrer Erfahrung und ihrem Zeugnis gehörten: Bekehrung und Wiedergeburt, Heiligung und Hingabe, Bekenntnis und Dienst, Vertrauen zum unverbrüchlichen Wort Gottes und frohe Hoffnung auf den wiederkommenden Herrn. Damit ist keineswegs bestritten, daß nicht auch unter Lutheranern, Reformierten und anderswo unser Herr seine Leute hat.

Die Reihenfolge der behandelten Männer und Frauen ist nach ihrem Geburtsjahr gewählt. Zweimal ist davon eine Ausnahme gemacht. Den Reigen eröffnen nacheinander vier Vertreter der gesegneten Familie Busch. Werner Heukelbach und Erich Sauer, die im oberbergischen Wiedenest in räumlicher und geistlicher Nähe zueinander wohnten, sind auch im Buch nicht geschieden worden.

Noch eine Beschränkung: Es wurden nur solche Persönlichkeiten aufgenommen, die nach Beendigung des Zweiten Weltkrieges 1945 heimgerufen worden sind. Die einzige Ausnahme ist Friedrich Busch, der 1944 in Rußland gefallen ist. Wegen seines frühen Todes hat er nicht den Bekanntheitsgrad seiner Brüder Wilhelm und Johannes erlangt. Aber auch sein Gedächtnis bleibt im Segen.

Wenn dieses Buch eine freundliche Aufnahme findet, sind zwei weitere Bände geplant. Namen, die nicht so schnell vergessen werden sollten, liegen genügend vor. Es seien nur einige genannt: Paul Humburg, Friedrich Heitmüller, Ernst Modersohn, Johannes Roos, Daniel Schäfer, Walter Zilz.

Arno Pagel

# Johanna Busch

*Geb. 1869 in Hülben über Urach (Württ.) als Tochter der bekannten Schulmeisterfamilie Kullen. Verheiratet 1894 mit Dr. Wilhelm Busch, Pfarrer in Dahlerau (1894), Elberfeld (1897) und Frankfurt/M. (1906–1921). Neun Kinder (Mutter von Wilhelm, Johannes und Friedrich Busch), 40 Enkel. Lebte als Witwe in Hülben bis zu ihrem Tod im Mai 1954.*

## Vitalität des Glaubens

Was Vitalität ist, das habe ich bei meiner Großmutter Busch gelernt. Sie stammte aus dem gesegneten Hülbener Schulhaus Kullen, in dem durch zwei Jahrhunderte hindurch jeweils der Sohn den Vater im Amt des Schulmeisters und »Stunden«-Halters abgelöst hat. Lebenslang hat sie ihr Schwäbisch nicht verlernt. Und doch drängten sich in ihrer Wohnung in den preußischen Städten Elberfeld und Frankfurt Exzellenzen und Theologiestudenten, die bei ihr Rat und Kraft holen wollten.

Sie war eine Meisterin im Briefeschreiben. Sie konnte ihre ganze Liebe und auch ihr ganzes Erleben in Worte packen. Als grasgrüne Schulbüblein lächelten wir Enkel dann und wann, wenn wir in den Briefen Rechtschreibefehler entdeckten. Aber als Studenten staunten wir dann, als wir unter dem Nachlaß der Großmutter einen Briefwechsel mit hochgeachteten Theologieprofessoren fanden. Sie hatte die Verantwortung empfunden, den »Lehrern der Kirche« die Frage zu stellen: »Bezeugt Ihr den auferstandenen Jesus?« Und ihre kritische Anfrage hatte Gehör gefunden!

## Liebe für Enkel

Wir 40 Enkel haben unsere Großmutter nur als alte Frau kennengelernt. Von alten Fotos und aus den Erzählungen der Verwandten haben wir aber erfahren, welche Schönheit die zarte und doch so von Lebenskraft sprudelnde Johanna Kullen gewesen sein muß, als der junge Kandidat der Theologie Dr. Wilhelm Busch um sie warb. »Unsere Großmutter« lebte als Witwe auf der Schwäbischen Alb. Sie bewohnte dort die sogenannte »Villa«, die sich einst ein Kunstmaler, der unverheiratet geblieben war, gebaut hatte. Außer dem »Atelier« gab es eigentlich nur kleine Räume in diesem Haus. Die Küche hatte sogar bloß »Westentaschenformat«.

Und doch durften alle die acht Kinderfamilien in den Sommerferien zur Großmutter kommen. Man aß unter weitausladenden Buchen im Garten. Wo wir allerdings spielten, wenn es einmal regnete, ist mir heute nicht mehr klar. Es bleibt nur der Gesamteindruck eines riesengroßen Festes, wie wenn »ein König seinem Sohn Hochzeit macht«. Schon vor der Anreise war es die gespannte Frage, ob in diesem Jahr die Vettern oder die Basen im »Atelier« schlafen dürften. Meist mußten die Basen auf den Dachboden, vermutlich weil die Großmutter mit klarem Instinkt erkannte, daß Mädchen weniger Angst haben als die sich so stark gebärdenden Buben.

Wir Enkel haben die Liebe unserer Großmutter sehr materialistisch registriert. Wann auch immer man zum Frühstück kam, fand man auf seinem Platz die eigene Lieblingsmarmelade vor. Die Großmutter kannte auch die ausgefallensten Geschmacksrichtungen bis hin zu Quitten- und Schwarze-Johannisbeer-Marmelade, und sie hatte schon im vorausgehenden Jahr beim Einkochen an alle ihre Enkel gedacht.

Als unsere Großmutter im Jahr 1954 nach ganz schwerem Gesichtskrebsleiden gestorben war, da sagte ein Beamter der Uracher Kreissparkasse: »Solch ein Konto wie das der Frau Pfarrer Busch habe ich noch nie erlebt; das war dauernd überzogen!« Das kam daher, weil sie im Überfluß schenken konnte. Geld war nie etwas, was sie faszinierte. In ihrem Frankfurter Pfarrhaus konnte sie im Blick auf ihre fünf Töchter beten: »Lieber Heiland, hilf doch, daß gar keine von ihnen einen reichen Mann bekommt!« Dieses Gebet ist von Gott herrlich erhört worden. Und doch hatten wir keinen einzigen Tag in unserer Kindheit den Eindruck, daß wir arm dransein könnten. Der so früh verstorbene Großvater hatte auf seinem Sterbebett für die ganze Familie eine Parole ausgegeben, die unsere Großmutter überzeugend gelebt hat: ». . . den Kindern eine fröhliche Heimat erhalten!«

## Natürlichkeit

Als in den letzten Tagen des Zweiten Weltkrieges Hülben eine Nacht lang von schwerer Artillerie beschossen wurde, da war unsere Großmutter im ganzen Dorf die einzige, die in königlicher Gelassenheit nicht im Keller Deckung suchte. Und als dann am frühen Morgen die amerikanischen Soldaten schmutzstarrend und müde ins Dorf kamen und die Bewohner aus den Häusern trieben, da durfte unsere Großmutter als einzige bleiben, weil sie als erstes, wie ganz selbstverständlich für alle Besucher ihres Hauses, den müden Kriegern mit einer großen Kanne dampfenden Malzkaffees aufgewartet hatte.

Unsere Großmutter ist mir bis heute der Inbegriff der Natürlichkeit. Mit dem: »Das darfst du nicht!« ging sie sparsam und behutsam um. Sie wollte uns den Heiland Jesus lieb machen. Und sie hatte Angst, wir könnten über irgendeinem zu raschen Verbot in Zwischendingen den Eindruck bekommen, Jesus sei ein besserer »Polizeibüttel«.

Einige Jahre nach dem Tod der Großmutter war eine Verwandte im Zweifel, ob sie wegen ihres reiferen Alters noch einen Heiratsantrag annehmen sollte. Als sie sich nach langem Überlegen dann doch sehr rasch zum Heiraten entschied, war das Staunen über diese schließlich so plötzlich getroffene Entscheidung groß. Aber die Verwandte erklärte: »Ich habe mir einfach einmal überlegt, was wohl Tante Busch mir raten würde. Und da war's mir klar, daß sie nur eines sagen würde, nämlich: ›No dapfer g'heiratet!‹ (Nur rasch geheiratet!)«

## Rechnen mit der Wirklichkeit Gottes

Es gab wohl keinen unter den Enkeln und der ganzen übrigen weiten Verwandtschaft, der nicht begriff: Hier bei der Großmutter ist Vitalität! Da ist Leben, wie es sein soll! Leben voll Ausstrahlung, voll Ordnung, voll Freude, voll helfender Liebe! Und doch hätte keiner von uns Enkeln gewagt, dieses Leben nun einfach nur zu kopieren. Wir wußten, daß das Geheimnis dieses Lebens tiefer lag. Als ganz kleine Kinder, wenn wir bei der Oma im Zimmer nächtigen durften, kriegten wir es mit, wie sie in der Zeit des sommerlichen Großbetriebs in aller Frühe den Wecker rasseln ließ, um eine volle Stunde Zeit zu haben für Gottes Wort und für das Gespräch mit Jesus. Sie las die Bibel begierig wie den langerwarteten Brief des Vaters, und sie konnte mit Jesus sprechen in einer großen bräutlichen Liebe.

11

Bei Großmutters Beerdigung in Frankfurt sagte ihr Sohn Wilhelm Busch-Essen: »Sie gab uns ein geistliches Erbe mit. Sie rechnete felsenfest mit der Wirklichkeit Gottes und mit der Bedeutung des Wortes Gottes als eines Briefes Gottes an uns. Die Bibel war für sie niemals Diskussionsgegenstand. Sie hat nicht rational gefragt: ›Was ist wahr?‹, sondern sie hat existentiell gefragt: ›Was ist wirklich?‹ Als Student sagte ich einmal: ›Ich sehe nicht recht ein, warum Gott seinen Sohn sterben lassen mußte.‹ Ganz erzürnt erwiderte sie: ›Ist er dir denn nicht mehr der, der alle deine Sünde vergibt und alle deine Gebrechen heilet?‹«

Bei der Feier ihres 80. Geburtstages wünschte sie sich keinen Lobchoral, sondern das Lied: »Es ist ein Born, draus heil'ges Blut für arme Sünder quillt.« Sie rechnete mit der Herrlichkeit Gottes, der sozusagen eine Handbreit neben ihr war. Der in Jesus geoffenbarte Gott war für sie eine Wirklichkeit, mit der man rechnen kann, wie man mit seiner eigenen Hand rechnet. Und ihr größtes Anliegen im Blick auf ihre Kinder und Enkel war: »Daß nur keines dahinten bleibt!«

*Freude*

Eine ganz große Waffe in dem geistlichen Kampf um ihre Familie war die Freude. Fröhliches Christsein ist etwas Faszinierendes. Besonders für junge Menschen. Und es sind einige Gesichtspunkte, die ich bei meiner Großmutter so eindrücklich begriff, daß es mein größter Wunsch ist, ich könnte nach ihnen auch leben.

Man muß wissen, was wirklich schlimm und was weniger schlimm ist. An einem regnerischen Ferientag – und ein Landregen auf der Schwäbischen Alb kann nervtötend sein – hatten einige Enkel das wertvolle grüne Sofa der Großmutter zur Gärtnerei erklärt und mit etlichen Füllungen der großen Gießkanne bewässert. Als der Vater der Kinder dazukam – ob es nun der Vater Stöffler oder Eißler oder Müller war, ist egal –, bekam er beinahe einen Schlag. Aber die Großmutter sagte nur: »Das ist doch alles keine Sünde und keine Schande!« Sünde und Schande vor Gott waren in ihrem Denken tragisch. Und alles andere, selbst ein aufgeweichtes Erbsofa, war darum zweitrangig.

Weiter: Es gibt auf der ganzen Welt keinen größeren Adel, als wenn man auf der Seite Jesu stehen kann. Ich erinnere mich noch an den denkwürdigen Tag, als sich die drei verehrten Busch-Onkel alle im Haus ihrer Mutter trafen: Wilhelm hatte ein Reichsredeverbot bekommen, Johannes kam aus der Gestapohaft und Friedrich war nach einer Bibelwoche aus Danzig ausgewiesen worden. Jede andere Mutter hätte sich wohl geschämt, daß alle ihre Söhne (ein kleiner Sohn Theo war in früher Jugend gestorben) mit der Polizei in Konflikt gekommen waren. Aber Großmutter Busch sagte immer wieder im Hochgefühl großer und überzeugender Freude den Satz: »Wie bin ich stolz, daß meine Söhne für den Heiland leiden!« Und wenn die Großmutter uns Enkeln in ihrer sprühenden Anschaulichkeit biblische Geschichten erzählte, dann erlebten wir mit dem Hirtenbüblein David das Glück, mit dem lebendigen Gott rechnen zu können, und wir erschauderten mit dem verstoßenen Saul, dem Gott nicht mehr antwortete.

Weil sie das Angenommensein durch Gott als das größte Vorrecht auf Erden ansah, darum mühte sich unsere Großmutter auch um ein bewußtes Leben in der Freude. Sie stand gezielt in einer Gegen-Arbeit gegen die billigen und vergänglichen Freuden der Welt. Noch in meiner Studienzeit wäre es für mich ein größeres Opfer gewesen, auf das sonntägliche Mitblasen im heimatlichen Posaunenchor zu verzichten, als ein Studentenfest dranzugeben. Unsere Großmutter hatte uns gelehrt, die Mitarbeit in der Kirchengemeinde als etwas Herrliches zu begreifen. Und welche Feste konnte sie aus dem Anlaß des Schulferienbeginns, des einmaligen Eis-Essens im Sommer, des großen Backfestes im dörflichen Backhaus machen!

### »Erzählt von Gottes Siegen!«

Das alles wurde zusammengefaßt, wenn unsere Großmutter über den Tisch rief: »Erzählt doch von den Siegen im Reich Gottes!« Das konnte etwa geschehen, wenn sich an den Sommerabenden die ganze Familie versammelte und bei den Männern das Gespräch auf die Politik kam und die Lage etwas gespannt zu werden drohte. »Erzählt von den Siegen im Reich Gottes!« Dieser Ruf machte, daß wir Büblein aufmerkten, daß die Frauen ihr Strickzeug zusammensteckten und nur noch lauschten, wenn Onkel Eißler berichtete, wie es ihm gelungen war, einem französischen Kriegsgefangenen in seiner hoffnungslosen Lage beizustehen. Oder wenn Onkel Stöffler vom Ergehen der Evangelischen in Spanien erzählte, Onkel Johannes Busch davon, wie ein junger Mann aus Zweifeln schließlich zum Glauben an Jesus fand. An solchen Abenden begriffen wir etwas von der Weite des Königreiches Jesu und auch von der Wahrheit des Bibelwortes: »So ein Glied wird herrlich gehalten, so freuen sich alle Glieder mit« (1. Kor. 12, 26).

Dieser Herrlichkeit ging Großmutter Busch auch im bittersten Todesleiden bewußt entgegen. Als sie mit verstümmeltem Gesicht kaum mehr reden konnte, bezeugte sie es einer unserer Basen flüsternd: »Ich wandre meine Straßen, die zu der Heimat führt, wo mich ohn' alle Maßen mein Vater trösten wird.«

Rolf Scheffbuch

## Zwei Erinnerungen von Emmi Busch

Dem, was ich aus der Erfahrungswelt des Enkels über unsere Großmutter geschrieben habe, sollen noch zwei charakteristische kleine Erlebnisse von Tante Emmi Busch, der Lebensgefährtin von Pastor Wilhelm Busch, hinzugefügt werden. Sie zeigen die geistliche Reife und Originalität, die sich so oft bei schwäbischen Pietisten finden. (Entnommen dem prachtvollen, sehr empfehlenswerten Erinnerungsbüchlein von Emmi Busch: »Die angestrichenen Stellen«, Schriftenmissions-Verlag Gladbeck.)

### *»Schenk das hochzeitliche Kleid!«*

Diesmal war ich mit meiner geliebten Schwiegermutter nicht recht einverstanden. Ich führte sie über die heimatliche Dorfstraße und wunderte mich insgeheim, mit welcher Nichtachtung ihrem alten, gebrechlichen Körper gegenüber sie an meinem Arm dem Ziel zustrebte. Sie hatte gehört, daß eine junge Frau plötzlich einen Schlaganfall bekommen hatte und seitdem bewußtlos daniederlag. Diese Kranke wollten wir besuchen.

»Du solltest unbedingt mit der Kranken beten«, bat sie mich unterwegs. Ich machte Einwendungen: »Kein schwacher Kranker wird mich verstehen mit meiner ›preußischen‹ Sprache. Und außerdem ist sie doch bewußtlos. Da erscheint mir das Ganze nicht sinnvoll.«

»O Kind!« – fast beschwörend klang ihre Entgegnung – »wir dürfen diese Schwerkranken auch in ihrer Bewußtlosigkeit nicht allein lassen. Was wissen wir von den Geheimnissen der Seele? Auch wenn der Körper nicht reagiert, können doch vielleicht unser Wort und Gebet sie noch erreichen. Wir müssen sie damit bis an die Tore des Todes begleiten.«

Diese ihre eindrückliche Erklärung entwaffnete mich, und so betete ich im Gehorsam mit der stillen jungen Frau, daß der Heiland ihr seine tröstliche Nähe schenke und sie und ihre Familie still und getrost mache.

Als ich »Amen« gesagt hatte, blieb in mir das beklemmende Gefühl zurück, daß mein Gebet nicht bis an die Pforte des Himmels gelangt sei. Aber diese Pforte des Himmels tat sich mir weit auf, als nun meine geistgesalbte Schwiegermutter noch betete, nur einen kurzen Satz: »Lieber Heiland, schenk der lieben Kranken das hochzeitliche Kleid!«

## »Nicht bremsen, nur pflegen!«

Ich war schon etliche Jahre verheiratet und hatte in der Zeit – so dachte ich – eine große Ehe-Erfahrung gesammelt. Doch bedrängte mich immer öfter ein Problem, mit dem ich nicht fertig wurde. Ich meinte damals, ich stände einmalig da mit dieser meiner Frage, sie sei etwas ganz Besonderes, und ich ahnte nicht, wie durchschnittsmäßig mein Denken war und daß ich mich ganz umstellen müsse, um eine rechte Ehefrau zu werden.

Zu dieser Erkenntnis verhalf mir eine kurze Bemerkung meiner Schwiegermutter. Als sie uns eines Tages besuchte und wir beiden Frauen allein waren, quoll alle meine angesammelte Ratlosigkeit und Bitterkeit aus mir heraus, und ich breitete mein Problem – reichlich übertrieben! – vor ihr aus: »Was soll man machen, um seinen Mann zu bremsen? Sieh, die Männer haben doch einfach keinen Verstand! Und was nützt uns Frauen unser guter Verstand, wenn die Männer ihn doch nicht annehmen? Mein Mann kennt kein Maßhalten im Arbeiten. Jede Aufgabe, die irgendwo am Wege liegt, wird in Angriff genommen. Wer ihn fragt wegen einer Ansprache, kriegt bedenkenlos ein rundes »Ja«. Wenn's so weitergeht, reicht der Tag nicht mehr. Er macht sich doch kaputt. Und wenn man versucht zu bremsen, läuft das auch immer verkehrt. Das gibt bloß Verstimmung und lähmt die Arbeitsfreudigkeit und ändert doch nichts!« Mit einem Seufzer schloß ich: »Was soll ich da bloß machen?!«

Aufmerksam und liebevoll hatte die erfahrene Frau meinem aufgeregten jugendlichen Geschwätz zugehört. Dann gab sie mir einen guten kurzen Rat – jenen Rat, der sich in vielen arbeitsfrohen Jahren bewährt hat und den ich gern an ähnlich seufzende Frauen weitergeben möchte: »Nicht bremsen, nur pflegen!«

# Wilhelm Busch

*Geb. 27. 3. 1897 in Wuppertal-El-
berfeld. Als junger Leutnant im Er-
sten Weltkrieg zum bewußten
Glauben an Jesus Christus gekom-
men. Studium der Theologie in Tü-
bingen. Nach der Hilfspredigerzeit in
Bielefeld, 1924 Pfarrer in einem
Bergarbeiterbezirk in Essen. 1931
Jugendpfarrer in Essen. Im Dritten
Reich unerschrockener Mitstreiter in
der Bekennenden Kirche. Öfter im
Gefängnis. In Vor- und Nach-
kriegszeit über die Arbeit in Essen
hinaus weitreichender Dienst als
Evangelist und Schriftsteller.
Gest. 20.6.1966 in Lübeck nach einer
Evangelisation in der DDR auf der Heimreise nach Essen.*

Wilhelm Busch hat eine gesegnete, weitreichende Wirksamkeit gehabt wie kaum ein anderer Zeuge Jesu in unserer Zeit. Er hat selber
einmal im Rückblick auf sein Leben gesagt: »Kein Tag darin ist
langweilig gewesen!« Er hat sich als Mann mit einer Botschaft gewußt: »Die Jugend fragt nicht nach unserm Alter, sondern danach,
ob wir eine ernstzunehmende Botschaft haben. Und die habe ich.
Sie heißt: ›So sehr hat Gott die Welt geliebt, daß er seinen einzigen
Sohn gab, damit alle, die an ihn glauben, nicht verloren werden,
sondern das ewige Leben haben.‹ Davon lebe ich. Und das verkün-
dige ich.«

Wir lassen drei nahe Freunde von Wilhelm Busch: Herbert Demmer, Paul Deitenbeck und Paul Tegtmeyer ein wenig erzählen, wie
sie diesem leidenschaftlichen Rufer zu Christus begegnet sind, wie
er auf sie und andere gewirkt hat, welcher bleibende Segen von ihm
ausging.

# Sein Leben – ein Bekenntnis

## Wilhelm Busch fürchtete Gott

Den harmlosen »lieben Gott« und den Herrgott der Bürger kannte Wilhelm Busch nicht. Er diente nicht dem Gott der Philosophen und Gelehrten. Er war dem heiligen, lebendigen Gott begegnet, der sich im Wort der Bibel offenbart. Vor diesem Gott und seinem Gebot war er ein verlorener Sünder, der nichts so sehr zu fürchten hatte wie den Zorn und das Gericht Gottes.

Die Leichtfertigkeit, mit der wir von Gott reden und in der wir mit Gott umgehen, hielt er für eine gefährliche Torheit, die die Wirklichkeit verkennt. Er veranschaulichte diesen Tatbestand seinen Jungen des Weigle-Hauses (Jugendheim in Essen) einmal so: Während des Krieges im zerbombten Essen sei er unterwegs gewesen, als er durch lautes Rufen angehalten wurde: »Halt! Nicht weitergehen! Dort liegt eine Bombe mit Zeitzünder. Wir wissen nicht, wann sie explodiert.« Da habe sich ein Vogel in aller Ruhe an der Stelle der Gefahr niedergelassen. War der Vogel mutiger als die Menschen, die sich verbargen? Nein, er war dumm, denn er erkannte die gefährliche Wirklichkeit nicht. So töricht sind Menschen, die mit Gott umgehen, als wäre er nicht da oder als müsse man ihn und sein Wort nicht ganz ernst nehmen. Das Erschrecken vor dem heiligen Zorn Gottes war für ihn der erste Schritt zur Weisheit.

Diese Furcht Gottes trieb ihn zum Bekenntnis der Sünde. Unvergeßlich ist ein Lagergottesdienst. Am Abend zuvor hatten die Jungen eine Zurechtweisung empfangen, die durchaus angebracht und gerecht war. Aber am nächsten Morgen trat Pastor Busch vor die Jungen hin und sagte: »So können wir keinen Gottesdienst miteinander halten. Ich habe zu euch gestern im Zorn geredet, was nicht recht war. Wir haben gesündigt. Wir wollen Jesus um Vergebung bitten.«

So war sein Leben ein Bekenntnis zur Offenbarung des Zornes Gottes über die Sünde. Er war ein Mensch, der wußte, daß er ganz auf die Gnade Jesu angewiesen war.

## Wilhelm Busch glaubte dem Herrn

Sein Dienst als Prediger des Evangeliums war ein Glaubensbekenntnis in seiner Zeit:

In den *zwanziger Jahren* bezeugte er den lebendigen Gott gegenüber dem kämpferischen Atheismus, auf den er in seinem Pfarrbezirk in Essen stieß.

Während der *Hitler-Herrschaft* stellte ihn das Bekenntnis seines Glaubens in die Bekennende Kirche. Im Glauben nahm er Amtsenthebung, Haft, Redeverbot und Ausweisungen auf sich. Im Glauben – gebunden im Gewissen – gehörte er zu den wenigen Pfarrern, die auch entgegen einem Ratschlag der Bekennenden Kirche im Jahre 1938 den Eid auf Hitler nicht leisteten. Im Glauben trug er den Schmerz, als er sah, daß seine jungen Mitarbeiter im Weigle-Haus, dem seine Lebensarbeit galt, zu Hunderten in einem sinnlosen Krieg starben. Aber als Seelsorger der Jugend hatte er eine Botschaft: Jesus ist der einzige »Führer«, dem man trauen kann.

*Nach dem verlorenen Krieg* sah er für alle nur eine Chance: Buße und Umkehr zum lebendigen Gott. Seine Botschaft lautete in reicher Variation: »Laßt euch erretten aus diesem verkehrten Geschlecht! Laßt euch versöhnen mit Gott!« Weil aber Glaube nur aus der Predigt kommt, galt der erwecklichen Verkündigung, der Evangelisation, dem Wort vom Kreuz seine leidenschaftliche Hingabe.

Ihm wurde es zum Anstoß, daß seiner evangelischen Kirche diese missionarische Leidenschaft weithin fehlte. Nun wurde sein Glaubensbekenntnis auch Protest gegen eine Kirche, die Gefahr zu laufen schien, ihre eigentliche Aufgabe zu verfehlen. Er sah, daß viel Kraft und Zeit darauf verwandt wurden, mannigfaltige Ordnungen zu schaffen, statt mit aller Kraft und Zeit den Verlorenen nachzugehen. Er mußte erleben, daß vielerlei liturgische Erneuerungsversuche unternommen wurden, statt in der Sprache von heute dem Menschen von heute das Heil in Jesus Christus zu sagen. Er stellte fest, daß ein falsches Anpassungsbemühen Denken und Handeln weithin beherrschten, statt den »modernen Menschen« mit dem Worte Gottes zu konfrontieren. Und so blieb die Kirche weithin das schuldig, was sie eigentlich zu sagen hatte: die Botschaft von Jesus Christus, dem Retter der Verlorenen.

Das Bekenntnis des Glaubens geschah aber bei Wilhelm Busch nicht nur in Worten. Ein Junge war durch seine Verkündigung im Weigle-Haus zum Glauben gekommen. Dem Glauben nach war er Christ. Nach den Gesetzen des Hitler-Reiches war er Jude. Kurz vor Beginn des Krieges gelang es Pastor Busch unter großer Gefahr für sich selbst, diesen Jungen aus seiner Arbeit über Holland nach Amerika zu schleusen, wo sich Freunde von Wilhelm Busch seiner annahmen. Alle Verwandten dieses Jungen wurden wenig später aus der Stadt vertrieben und ermordet.

Zum Bekenntnis des Glaubens an Jesus, den gekreuzigten und auferstandenen Erlöser, gehörte auch diese Tat.

## Wilhelm Busch lobte Jesus

Das Leben eines Christen hat ein Ziel: etwas zu sein zum Lobe der herrlichen Gnade Jesu. Dieses Ziel hat Busch nicht aus den Augen verloren.

Während des Krieges legte er seiner Gemeinde die Offenbarung Johannes aus und zeigte der geängsteten Schar, wie der ewige Lobgesang zur Ehre und zum Ruhme des Lammes auch und gerade über einer vergehenden Welt erklingt. Er machte Mut, aller Anfechtung zum Trotz in diesen Lobgesang einzustimmen.

Als er im Weigle-Haus mit seinen Jungen von einem Bombenangriff überrascht wurde und sie den Keller aufsuchen mußten, sang er mit ihnen Jesuslieder. Und unter dem zerbrechenden Jugendhaus erklang der Lobgesang aus der Tiefe: »Wenn sich die Sonn verhüllt, der Löwe um mich brüllt, so weiß ich auch in finstrer Nacht, daß Jesus mich bewacht.«

Von einer Vortragsreise nach Norwegen brachte er das Lied mit: »Jesu Name nie verklinget, ewiglich bleibt er bestehn . . .« Als er es mit den Jungen einübte, sagte er: »Das Lob des Namens Jesu darf in eurem Leben nie verklingen, denn kein anderer Name gibt das Heil.«

Herbert Demmer

# Eine ganz besondere Gabe Gottes

Wilhelm Busch ist in seiner Breitenwirkung wie ein Gebirge mit vielen Höhenzügen zu sehen. Er war eine ganz besondere Gabe Gottes an die Christenheit.

## Ein Prediger aus Passion

Man muß ihn gehört haben in Zelten, in Hallen, bei Kundgebungen unter freiem Himmel, wenn er die Botschaft Jesu mit Entscheidung fordernder Zuspitzung sagte. »Es ging mir abwechselnd kalt und heiß den Rücken herunter«, sagte ein Hörer nach einer Evangelisation.

Seine Verkündigung war gerafft, glich auf ihren Höhepunkten einer Speerspitze, einem Schwerthieb. Immer zielte er im Namen Jesu kerzengerade auf das Gewissen der Menschen. Dabei blieb er nicht bei langer gedanklicher Entfaltung stehen, sondern brachte zwischendurch aus dem unerschöpflichen Reservoir seiner Erinnerungen und Erfahrungen ein Beispiel.

Auf Glaubenskonferenzen, auf den Kirchentagen, in Predigten und Bibelstunden bot er »Schwarzbrot Gottes« dar. Und wie konnte er »den Sack zubinden« nach einer Bibelarbeit und nach den Aussprachen auf der Tersteegensruh-Konferenz in Essen und Mülheim/Ruhr!

Wie ein Steuermann stand er als Konferenzleiter am Pult der großen Tersteegensruh-Konferenz (heute: Gerhard-Tersteegen-Konferenz). Er hatte ein Gefühl für Atmosphäre, gerade auch für große Versammlungen. Im rechten Augenblick ließ er ein Lied singen. Gelegentlich unterbrach er den Lauf der Konferenz durch einen humorvollen Einwurf. Es wirkte dann wie ein Regenschauer an einem heißen Konferenznachmittag. Und wie achtete er darauf, daß die Gebetsgemeinschaften nicht zu kurz kamen!

Und wie hat er immer neue Entdeckungen aus dem Bergwerk der Bibel ausgegraben!

Es ging Wilhelm Busch immer nur darum, Menschen für Jesus zu werben und die Gnade nicht billig zu verschleudern. Wie viele werden durch unseren Bruder den Anstoß zu einer ewigen Bewegung gefunden haben!

*Ein Streiter mit der Feder*

Nahezu eine Million Exemplare umfaßt das Schrifttum, das aus der Feder von Wilhelm Busch stammt: Bibelauslegungen, Andachtsbücher, Erzählbändchen, Lebensbeschreibungen über seinen Vater und seinen Bruder Johannes und das Buch »Die von Herzen dir nachwandeln« über Gestalten des rheinisch-westfälischen Pietismus. Dazu viele evangelistische Verteilblätter, Broschüren und die Predigtreihe »Kirche am Markt«.

Es wird nach einer Lebensbeschreibung über Wilhelm Busch gefragt. Er hat sie selbst geschrieben in ganz origineller und köstlicher Weise: die »Plaudereien in meinem Studierzimmer«.

Als Schriftleiter von »Licht und Leben« hatte unser Bruder eine geistliche Einflußbreite, die weit über Deutschland hinausreichte. Bis in die Kirchenkanzleien nahm man Notiz von dem, was er in »Licht und Leben« schrieb. Unter der Schriftleitung von Wilhelm Busch erreichte das Blatt einen Höchststand an Aktualität. Ob es dabei um fortlaufende Bibelauslegung ging, um Leitartikel zu Gegenwartsfragen, um Probleme des praktischen Verhaltens im Christenleben, um die Spalte »Schriftleiter, erzählen Sie mal!« – alles war Handreichung aus erfahrenem Christenleben unter dem Hören auf Gottes Wort. Wilhelm Busch hatte den Mut, auch in »Licht und Leben« gegen den Strom zu schwimmen. Es ging ihm anhaltend um die abstrichlose Gültigkeit des Wortes Gottes. Und nur diese Ganzheit wird heute ernst genommen!

## Ein Bischof der Stillen im Lande

Wilhelm Busch war für Zahllose in der Gemeinde Jesu ein Richtpunkt. Man hörte auf das, was er sagte oder schrieb, und man fand, daß er auch in praktischen Fragen oft das treffende Wort und die klare Wegweisung gab. Amtlich war Wilhelm Busch kein Kirchenführer, aber in Wahrheit ein »Bischof der Stillen im Lande«. Auf sein Wort hörten sowohl Gelehrte als auch schlichte Mütterchen.

Er ist in den Jahrzehnten seines Wirkens immer eindeutig in seiner Haltung zur Bibel und zu den großen Fragen des Reiches Gottes geblieben. Er war ein Feind aller Kompromisse in Fragen des Evangeliums und des Glaubens. Da ließ er nicht mit sich handeln, auch wenn er damit Anstoß erregte.

Unvergeßlich bleibt seine Botschaft an die große Gemeinde Jesu mit seiner kürzesten Ansprache, die er am 6. 3. 1966 auf der Großkundgebung der »Bekenntnisbewegung ›Kein anderes Evangelium‹« in der Dortmunder Westfalenhalle hielt. Als heiliges Vermächtnis rief der bevollmächtigte Mann, der, ohne es zu wissen, vor den Toren der Ewigkeit stand, uns das Gotteswort aus Hesekiel 34, 11 zu:

*»So spricht der Herr Herr:*
*Siehe, ich will mich meiner Herde*
*selbst annehmen.«*

Paul Deitenbeck

# Erinnerungen an die Tersteegensruh-Konferenz

Der Krieg war zu Ende. Essen war ein Trümmerhaufen. Das Ruhrgebiet zerstört. Der Feind im Land. Die Kirche am Boden. Und die Tersteegensruh-Konferenz so gut wie nicht mehr da. In der Nazi-Zeit war sie verboten und aufgehoben worden. Wie sollte das nun wieder neu anfangen in all dem Elend?

Da – und das ist meine erste Erinnerung – sammelte ein Mann Gottes in der Wüste des Todes Gottes Volk. Und dieser Mann war Wilhelm Busch. Er bekam einen Gottesbefehl. Und dieser Befehl hieß: »Sammle mir das Volk! Ich will ihnen Wasser geben.« Und da hat er angefangen. Er hat's nicht nur gehört, er hat's getan. Er hat das Volk gesammelt.

Erst kamen nur wenige. Aber sie konnten beten. Mit denen stand er vor Gott. Und dann fing die Sammlung an. Dann fing's an zu strömen. Wir kamen als Helfer und Mitarbeiter zu ihm. Drüben in Werden haben wir angefangen, weil da der einzige Saal von Essen noch war. Und die Kirche war dort unbeschädigt. Bis wir dann in den »Saalbau« übersiedeln konnten. Aber es dauerte nicht lange, da lief der über, und wir mußten Parallelversammlungen machen.

»Sammle mir das Volk!« Wozu? »Ich will ihnen Wasser geben.« Wilhelm Busch war der, der Wasser aus dem Brunnen Gottes schöpfte und dieses Wasser zu den Menschen hintrug. Wir waren seine Helfer, und wir lernten's von ihm.

Nun eine Erinnerung an die letzte Konferenz, die Wilhelm Busch mitmachte. Er leitete die letzte Nachmittags-Versammlung. Und dann sagte er nach vielen Bekanntmachungen: »Und nun will ich noch ein geistliches Wort sagen.« Ich stand müde und krank draußen in der Wandelhalle, aber die Tür war offen, und die Lautsprecher funktionierten tadellos. Ich hörte dieses geistliche Wort. Und es hat mich unendlich erquickt und für den Dienst, den ich nach ihm tun sollte, gestärkt, daß ich's durchgehalten habe an dem Nachmittag. Es war Schichtwechsel zwischen ihm und mir. Er mußte todmüde nach Hause. Und ich sollte nun die große Abendmahlsfeier leiten. Wir trafen uns oben auf dem Podium. Und wir nahmen Abschied voneinander.

Wir wußten – er hatte es uns oft in den Tagen der Konferenz gesagt –: »Ich muß in der nächsten Woche in die DDR zur Evangelisation nach Saßnitz auf Rügen.« Und nun standen wir beide im Gedränge des Volkes auf dem Podium im Saalbau und nahmen Abschied voneinander. Ich sagte zu ihm: »Lieber Bruder! Jetzt nimm den Segen dieser reichen Tage mit hinüber. Grüße die Brüder.« Und dann legte ich meine Hand auf die seine und sagte ihm den Abschiedssegen – ohne daß ich wußte, was da kommen würde und sollte. Ich sagte zu ihm: »Der Herr segne dich und behüte dich!« Das war das letzte, was ich meinem Bruder gesagt habe. Dann sind wir auseinandergekommen im Gedränge und haben uns nicht wiedergesehen.

Und dann noch eins: Eine blanke Sichel zersprang mitten in der Erntearbeit!

Bruder Busch hatte die letzte Evangelisation beendet. Er fuhr über die Grenze hinüber nach Lübeck, um von da nach Hause zu kommen. Er war sicherlich sehr müde und sehr elend. Aber es lag hinter ihm seine geliebte Arbeit: »Ich suche meine Brüder.« Und da hat ihn sein Herr heimgeholt, als er im Hotel auf das Essen wartete. Die Sichel, die sich eben noch in Gottes Erntefeld gemüht hat, zerspringt plötzlich in Stücke. Und Gottes müder Knecht sinkt zwischen die Garben auf die Erde.

O was für ein herrliches Ende! Was für eine Gnade Gottes, solch ein Ende!

Ach, wie oft habe ich gesagt: »Wenn es Gott mir schenken wollte, ich möchte nicht eine Sichel sein, die in der Ecke an der Scheunenwand verrostet. Ich möchte wie die Sichel sein, die mitten im Dienst zerbricht.«

So ist es unserem lieben Bruder Busch geschenkt worden. Er sah den Tod nicht. Er kam unmittelbar vom Glauben in das Sehen. Er ist bei seinem Herrn allezeit. Er sieht sein Angesicht und steht in einem anderen Dienst – im Dienst der Vollendeten.

Wir aber wollen miteinander flehen und beten: »Ach wär' dein Garbenacker auch unser Arbeitsplan, Herr Jesu, mach uns wacker, nimm unser Helfen an!«

Paul Tegtmeyer

## Ehre, wem Ehre gebührt!

Abschließend lassen wir Wilhelm Busch mit einer seiner packenden, kurzen Andachten zu Worte kommen:

»Sie schrien mit großer Stimme und sprachen: Heil sei dem, der auf dem Thron sitzt, unserm Gott, und dem Lamm!« (Offb. 7, 10)

»Sie schrien!« Ein wildes, ein tumultuarisches Freudengeschrei! Ein Geschrei aus Herzen, die zerspringen wollen vor Freude!

Das ist die Gemeinde Jesu Christi am Ziel!

Wer diese Bibelstelle liest, den muß es doch einfach zum Gebet treiben: »Herr! Laß mich dabeisein – bei diesen Leuten und ihrem Freudengeschrei! Und hilf mir, daß ich manch einen mitbringe!«

Der griechische Geschichtsschreiber Xenophon, der etwa 400 Jahre vor der Geburt Christi lebte, hat einen großartigen Tatsachenbericht geschrieben über ein Ereignis, das er selbst an entscheidender Stelle miterlebte: Durch Kriegsereignisse waren 10 000 griechische Söldner irgendwo in die Gegend am Euphrat verschlagen worden. Da standen sie nun, umgeben von Feinden, überall bedroht. Und dann schlugen sie sich durch – von der mesopotamischen Ebene durch das wilde Kurdistan und das armenische Gebirge bis hin zum Schwarzen Meer. Hier waren sie gerettet. Xenophon schildert ergreifend, wie sie beim Anblick des Meeres in Jubel ausbrachen: »Das Meer! Das Meer! Gerettet! Gerettet!«

Die Offenbarung des Johannes zeigt uns am Thron Gottes ein »gläsernes Meer«. Dort werden die Kinder Gottes, die sich hier durch diese Welt durchschlugen, vom Teufel bedroht in ihrem Glauben, auch jubeln: »Das Meer! Das Meer! Gerettet! Gerettet!«

Diese Gemeinde am Ziel rühmt – und das ist wichtig – nicht ihren Glauben, ihre Treue und ihren Mut, sondern »das Lamm«, Jesus, der sie für Gott erkaufte durch sein Sterben am Kreuz, und den starken Gott, dem alle Ehre und Anbetung gebührt.

Zusammengestellt von Arno Pagel

# Johannes Busch

*Geb. 11. 3. 1905 in Wuppertal-Elberfeld und in Frankfurt am Main aufgewachsen, wohin der Vater, Pfarrer Dr. Wilhelm Busch, 1906 berufen worden war. 1924–1928 Studium der Theologie in Bethel, Tübingen, Basel und Münster. Vikar in Bielefeld. 1930 Pfarrer in Witten/Ruhr. Im Kirchenkampf eine Zeitlang des Amtes entsetzt. Teilnehmer der 1. Bekenntnissynode der Deutschen Evangelischen Kirche vom 29. bis 31. Mai 1934 in Wuppertal-Barmen (»Barmer Erklärung«). Im Nebenamt Bundeswart des Westdeutschen Jungmännerbundes. Im Zweiten Weltkrieg aus dem brennenden und untergehenden Kolberg in Pommern im März 1945 gerettet. Nach der Rückkehr nach Witten neuer Anfang in der Gemeinde und im Westbund. Aufgabe des Pfarramts und hauptamtlicher Dienst als Bundeswart und Landesjugendpfarrer der westfälischen Kirche. In der Nacht vom 28. zum 29. 1. 1956 auf der Fahrt zu einem Jungmännertag in Trier schwer verunglückt. An den Folgen gest. 14. 4. 1956 in Bochum.*

### Der Kämpfer

In einer wirtschaftlich schweren Zeit, als die Zahl der Arbeitslosen in Deutschland in die Millionen zu klettern begann und politische Leidenschaften die Massen aufputschten, begann Johannes Busch seinen Dienst als junger Pfarrer in Witten. Es war trotz allem eine schöne Zeit. In der Gemeinde regte sich unter Alten und Jungen mannigfaches geistliches Leben.

Da brach im Januar 1933 die unselige Zeit des Dritten Reiches an. Der Führerkult, die Verherrlichung Adolf Hitlers, war Trumpf, auch bei vielen in der Kirche. Johannes Busch war nie in der Versuchung, in dieser Hinsicht das geringste Zugeständnis zu machen. Für ihn war es klar, und für solches Bekenntnis zog er in den Kampf des Glaubens: »Es gilt zu bekennen, daß für Christenmenschen das erste Gebot uneingeschränkte Gültigkeit hat. Keine andern Götter neben dem einen, unumschränkten, herrlichen und barmherzigen Herrn! Das hat Gott in dieser Zeit mit uns unentwegt und täglich praktiziert. Das lernen wir in nie geahnter Weise, daß Christus allein Herr sein will und seine Königsmacht mit niemandem teilt, auch nicht mit einer allmächtigen Staatsgewalt. Jesus und ›Blut und Boden‹? Jesus und ›mein Volk‹? Jesus und der ›herrliche Führer‹? Nein, das alles raubt ihm seine Königskrone. Jesus Christus, mein Herr!«

Der nationalsozialistische Staat griff nach der Jugend. Er handelte nach der Parole: »Wer die Jugend hat, der hat die Zukunft.« Der damalige »Reichsbischof« Ludwig Müller ordnete durch eine verräterische Verfügung an, daß die evangelische Jugend in die sogenannte »Hitlerjugend« eingegliedert werden sollte. Busch und andere widersetzten sich. Sie lösten – mit blutendem Herzen – die Jugendkreise vorher auf. Es blieben nur Zusammenkünfte von über Achtzehnjährigen erlaubt, in denen nichts anderes als Bibelarbeit getrieben werden durfte. Busch sah in dieser Beschränkung auch einen Segen Gottes: »Wir sind energisch gezwungen, uns auf unser Eigentliches zu besinnen. Evangelium sagen, das ist unser Sondergut.«

In Witten sammelte sich die Bekennende Gemeinde in überfüllten Gottesdiensten. Hunderte von Menschen strömten zu den Bibelstunden. Pastor Busch wurde von der Geheimen Staatspolizei zu immer neuen Verhören befohlen. Einmal hieß die Anklage, er habe in einem Vortrag den »Führer« heimtückisch angegriffen. Als »Beweis« wurde angegeben, er habe den Vortrag mit dem Satz geschlossen: »Du, du bist meine Zuversicht alleine, sonst weiß ich keine!«

Der tapfere Streiter sollte strafversetzt werden. Er ging nicht darauf ein, und die Gemeinde erhob heftigen Protest gegen die willkürliche Maßnahme. Der Bruder Wilhelm in Essen wurde ähnlich schikaniert. In dieser Zeit schrieb Johannes Busch an die Mutter auf der Schwäbischen Alb: »Nun hast du uns zwei Jungen mit solcher Liebe großgezogen und wirst nun bald zwei abgesetzte Pfarrer als Söhne haben. Was ist das schwer für dich! Aber, liebe Mama, ich kann es vor Gott bezeugen: ich habe diesen Weg nicht provoziert. Wir haben hier wirklich nichts getan, als unerschrocken das Evangelium zu verkündigen . . .« Und die Mutter? Sie antwortete kurz und bündig und schrieb unter den Brief: »Eure Mutter, die sich freut.«

Busch blieb in Witten, doch durfte er schließlich seine eigene Kirche nicht mehr betreten. Da wurden die Gottesdienste in einem großen Saal, den das Presbyterium mietete, fortgesetzt. Die Gemeindebibelstunden wurden in Privathäuser verlegt. Es waren mutige Leute da, die ihre Wohnungen zur Verfügung stellten. Weit über die Gemeinde hinaus, die in ihrer Mehrheit treu zu ihm stand, erstreckten sich Buschs Aufgaben. Der Westbund erforderte weiterhin seine Kraft. Mit dem unvergessenen Otto Riethmüller, dem Dichter zeugnisstarker Lieder wie »Nun gib uns Pilgern aus der Quelle« oder »Herr, wir stehen Hand in Hand«, gründete er die Jugendkammer der Bekennenden Kirche.

Einmal verbrachte Johannes Busch einige Tage im Gefängnis. In der schmutzigen Zelle zog er sich eine schmerzhafte Hautkrankheit zu. Mehr aber bedrängte ihn die anfechtende Frage, wie es denn in all diesem Widerstreit mit der Sache Jesu und seiner Gemeinde weitergehen werde. Es hat ja keiner die Glaubenszuversicht in allen Lagen einfach gepachtet. In den Verhören hatte ein Beamter selbstsicher gesagt: »Wir sind auf alle Fälle die Stärkeren.« Als Busch einmal verzweifelt durch seine enge Zelle schritt, stellte der Wärter den Eßnapf auf den Tisch und steckte dabei dem Gefangenen heimlich einen kleinen Zettel zu. Busch las die Worte: »Jesus ist auferstanden!« Wie wurde er da mitten in der Not mächtig getröstet, und neu klammerte er sich an den lebendigen Herrn.

In der Gewißheit, daß Jesus lebt und siegt, hat Johannes Busch die weiteren Kampfjahre im Dritten Reich und die Zeit des Krieges, der ihn als Soldat in viele gefährliche Situationen brachte, durchstanden. Die Jahre nach 1945 bis zu seinem frühen Tod haben ihn in unermüdlicher Tätigkeit für das Reich Gottes, besonders unter den jungen Männern, gesehen. Er hat die Zeit des neuen Wirkens in Freiheit in eifrigem Einsatz genutzt.

Von einer ganz andern Art des Kämpfens, als sie die völlige Hingabe an den Herrn und die Sache des Evangeliums darstellt, hat Johannes Busch in seinem Leben auch gewußt. Gemeint ist jetzt das innere Ringen des Herzens, das still zu werden versucht unter dunklen und rätselvollen persönlichen Führungen. Solch eine Führung war der frühe Abschied, den Busch von der geliebten Frau Grete, der Mutter seiner sechs Kinder, nehmen mußte. Als er an ihrem Grab stand und auf den Wunsch der Heimgegangenen hin selber das Wort ergriff, sagte er zu der Trauerversammlung: »Auf diesem Friedhof habe ich vielen Trauernden die Botschaft vom Lebensfürsten gesagt. Vielleicht habt ihr dabei gedacht: An dich ist's noch nicht gekommen, sonst würdest du wohl anders reden. Aber nun – ist's an mich gekommen. Nun habt ihr das Recht zu fragen: Bleibst du bei deiner Botschaft?« Schweigend hörte die Gemeinde: »Jawohl, es gilt auch noch in dieser Stunde: Ich weiß, daß mein Erlöser lebt!«

Und dann die Zeit des eigenen letzten Leidens und des Sterbens! Als die Verletzungen nach dem Autounfall, den Busch auf einer Dienstfahrt zu einem Jugendtreffen in Trier erlitt, zunächst die Amputation eines Beines erforderlich machten, war der Kranke schier verzweifelt: »Jetzt bin ich ein Krüppel. Als Krüppel kann ich doch keinen Dienst mehr tun.« Doch dann kämpfte er sich durch, und er konnte im Blick auf den Gott, der seines eigenen Sohnes nicht verschont, sondern ihn für uns alle dahingegeben hat, sagen: »Gott hat so viel für mich getan, wie willst du Narr so geizen wegen eines lumpigen Beins?« Brüder aus dem Westbund, die ihn am Ostermontag 1956 besuchten, während Tausende von jungen Männern sich zum traditionellen Ostertreffen im Ruhrgebiet versammelten, hörten ihn mit kaum vernehmbarer Stimme sagen: »Die schrecklichen Schmerzen – das ist nur äußerlich. Innerlich bin ich ganz fröhlich.« So krönte der Herr seinen Diener mit Sieg auch im letzten schweren Kampf der Anfechtungen und der Leiden.


*Der Evangelist*

Werbend das Wort von Jesus sagen, unter dessen gnädiger Herrschaft man der Vergebung der Sünden gewiß wird und zum Dienst in seinem Reich gerufen ist – das war der Lebensauftrag und die Freude von Johannes Busch. Nie wollte er etwas anderes, als das Wort Gottes, wie es uns in der Bibel bezeugt ist, verkündigen.

Auch und gerade in seinen Evangelisationen hat er immer nur die Heilige Schrift ausgelegt. In ihr hat er ein großes durchgängiges Thema gefunden: »Die Bibel hat in allen ihren Teilen eigentlich nur eine Botschaft, die sie uns immer wieder aufs neue sagt: Der Herr ist König. Gegen alle Rebellion und allen Ungehorsam setzt er nur noch viel allmächtiger das Grundthema seines Wortes: Der Herr ist König. Er wird König bleiben, . . . allen menschlichen Widersprüchen zum Trotz in einer Welt der Sünde und des Todes, mit solch heiligem Gericht und mit solch unaussprechlicher Gnade, daß wir nur anbeten können.«

In unermüdlich nachgehender Liebe hat Johannes Busch vor allem junge Menschen in das Königreich Gottes, unter die Herrschaft Jesu Christi gerufen: »Laß dein Leben völlig beschlagnahmen von dem, der dein Leben allein ordnen kann! Entweder ist Jesus der Herr über unser ganzes Leben, oder er kann uns überhaupt nicht segnen. Dieser Herr läßt sich nicht in einen kümmerlichen Winkel hineindrängen.« Für den gekreuzigten Christus hat Busch geworben: »Das Sterben unseres Heilands mitten unter Verbrechern ist ein ewiges Zeichen dafür, daß es keinen Menschen gibt, dem Gott nicht helfen wollte . . . Nur wer das Gericht Gottes am Kreuz ganz ernst nimmt und seine Sünde wirklich in ihrer ganzen Schwere dort offenbar machen und richten läßt, wird auch die Seligkeit des Kreuzes ergreifen.«

Johannes Busch hat manchmal kleine Kreise aufgesucht und ihnen das Evangelium bezeugt. Er hat auch oft vor Tausenden gestanden. Immer aber ging es ihm darum, daß der einzelne vor Jesus, seinen Retter und Herrn, gestellt würde: »Hier in diesem Raum stehen 10 000 Stühle, und ich sehe, daß wir heute morgen schon fast 20 000 gebraucht hätten. Und plötzlich sind hier nicht mehr 20 000, sondern du bist ganz allein vor Jesus. Dahinten das junge Mädchen – jetzt steht jeder allein vor Jesus, und er macht seinen Königsgriff.«

Johannes Busch, dem Evangelisten, sehen wir ins Herz bei dem folgenden Auszug aus einer seiner letzten Predigten. Er hielt sie bei einem großen Posaunentreffen über die Frage Gottes im Paradies: »Adam, wo bist du?«

»Meine Brüder, was ist das für ein Gott! Ich sehe ihn, wie er durch den Garten eilt, unter jeden Strauch sieht, unter jede Hecke und in jeden verlorenen Gang hinein. Und immer ruft und ruft er: ›Adam, wo bist du?‹ Du, mein Sohn, wo bist du denn? Ich meine, darin lerne ich meinen ganzen Gott kennen. Du, das ist nicht eine Geschichte aus der Vergangenheit, sondern das ist die Mitte der Weltgeschichte, daß unser Gott diese Welt nicht losgelassen hat, sondern ihr nachgelaufen ist. Darum hat er seinen himmlischen Thron verlassen. Weißt du, wenn wir uns schon eine Vorstellung von Gott machen, meinen wir oft, er säße so ruhig und erhaben auf seinem Weltenthron und rühre sich nicht. Ach, die Vorstellung überlaß irgendeinem Buddha! Unser Gott ist ein laufender Gott. Er hat seinen Thron verlassen und ist gelaufen und gelaufen wie einer um sein Leben läuft, immer tiefer herunter, bis er hier auf der Erde war.

Das ist mein Gott, der die Welt geschaffen hat, der jetzt über uns die Arme ausbreitet: »*Ich bin der gute Hirte. Der gute Hirte läßt sein Leben für die Schafe*« (Joh. 10, 11). Der Hirte läßt 99 in der Wüste stehen und sucht den einen, der sich in der Festhalle versteckt hat.

Spürt ihr nicht, wie sein ganzes Vaterherz voll Liebe brennt und wie darin nur eines immer wieder tönt: Ich suche dich doch, ich laß dich nicht los.

Ach daß wir dies Brennen des väterlichen Herzens heute morgen spüren würden: ›Hättest du dich nicht zuerst an mich gehangen, ich wär' von selbst dich wohl nicht suchen gangen. Du suchtest mich und nahmst mich voll Erbarmen in deine Arme.‹ Kommt mit, alle miteinander! Ich sehe unsern Gott, wie er blutet und stirbt, als sie ihn ans Kreuz genagelt haben. Seine ausgebreiteten Arme sind wie ein letztes Seufzen, das die Welt erschüttert: Bruder, ich suche dich, ich will keinen lassen! Bruder, ich suche dich! Wenn heute unsere Posaunen von Jesus blasen, dann blasen sie von dem Kreuz, das keiner in dieser Welt mehr übersehen soll.«

## Der Bruder

Johannes Busch war ein vielbeschäftigter Mann. Viele haben ihn nur auf großen Festen von fern gesehen. Sie kannten ihn nur, wenn er zu Tausenden sprach. Aber dieser Mann mit dem so reichen Dienstprogramm ist ein Bruder gewesen, hat die Brüder gesucht, hat die kleine Schar nicht übersehen, hat sich über jeden gefreut, der mit ihm auf dem Weg und im Dienst Jesu war. Er hat sich Zeit genommen für die Nöte, Fragen und Anfechtungen vieler einzelner. Es war seine stille und tiefe Freude, daß er mit so vielen Pilgern Gottes unterwegs war auf die große ewige Herrlichkeit zu. Da wurde ihm der einzelne an seiner Seite wichtig. Er sollte doch auch das Ziel erreichen. Brüder brauchen einander, daß sie sich gegenseitig stärken, erfreuen, ermahnen und ermutigen.

Wie hat Johannes Busch in den Kriegsjahren – fern von der Heimat – nach Brüdern gesucht! Wie groß war immer seine Freude, wenn er etliche entdeckte! In einem Dorf im Kubangebiet in Rußland z. B. traf er öfter in der Uniform eines Leutnants mit einem CVJMer zusammen. In einer windgeschützten Ecke hinter den Holzstapeln eines Sägewerks lasen die beiden die Bibel miteinander und beteten. Eines Tages machte sich ein »verdächtiger« Dritter in ihrer Nähe zu schaffen. Es stellte sich heraus: Das war auch einer, der die Brüder suchte.

Bruderschaft war und blieb für Johannes Busch immer ein Geschenk und ein Auftrag: »Das ist nicht selbstverständlich, daß Menschen Brüder werden. Mit Stimmungen ist gar nichts getan. Menschen mit Jesus sind Leute, denen er die Hände frei gemacht hat für den Bruder. Wer Jesus hat, der hat auch die Brüder . . . Keine Zeit ist so gut angewandt wie die, die wir für den Bruder übrig haben . . .

Uns verbindet gar nicht, daß wir einander so sympathisch wären. Es könnte ja sein, daß neben mir gerade einer sitzt, der mir entsetzlich auf die Nerven fällt. Und trotzdem gehören wir zusammen. Warum denn? Darum ganz allein, weil es einen Heiland gibt, der uns gerade so, wie wir sind, liebgehabt und uns miteinander errettet hat.«

Einmal ist Johannes Busch eine ganze Nacht hindurch gefahren, nur um in einem verlassenen Dörflein im Hessenland zwei einsame Mitarbeiter zu stärken. An einem andern Ort hat er einen Kaufmann besucht, der ganz allein die CVJM-Arbeit trug. Er betete um den zweiten Mann. Wie hat sich Busch mitgefreut, als dieser nach einigen Wochen gefunden war!

Ein anderes Mal geschah es, daß ein junger Mann nach einer Ansprache von Johannes Busch diesem schrieb: »Der junge Mann, von dem Sie sprachen, der sich in die dunklen Winkel verläuft und todeinsam ist, der bin ich.« Solch eine briefliche Begegnung war für Busch kein »Fall«, den man nebenher auch noch behandeln konnte. Das Geschick des Verzweifelten war ihm so wichtig, ging ihm so nahe, daß er der Mutter in Hülben auf der Schwäbischen Alb davon schrieb und sie zur Fürbitte ermunterte.

So ist das bei rechten Jüngern Jesu. Sie freuen sich, wenn große Scharen unter dem Evangelium sich sammeln. Aber sie übersehen auch den einzelnen nicht und sind brüderlich zur Stelle, wenn einer äußerlich und innerlich Hilfe braucht. Johannes Busch hat einmal berichtet – und damit schließen wir – wie er als Student der Theologie in Bethel einen unvergeßlichen Anschauungsunterricht erhalten hat, was Liebe ist und wie Hinwendung zum andern ganz praktisch geschieht: »Es war mein erster Sonntag in Bethel. Ich ging an dem strahlenden Morgen durch die stillen Bethelstraßen zur Zionskirche hinüber. Sonntäglich gekleidete Leute pilgerten denselben Weg. Ich sehe den jungen Schüler vom Brüderhaus Nazareth noch vor mir. Er sah so sauber aus in seinem blauen Anzug; ein blank geputztes Blasinstrument hing ihm über die Schulter. Da kam aus einem der Häuser ein Kranker heraus, und zum erstenmal sah ich mit Entsetzen, wie sich ein epileptischer Anfall abspielt. Wie ein gefällter Baum brach der Kranke zusammen und wand sich in seinem Krampf! Ich werde nicht vergessen, wie der Nazarethmann, der doch genau wie ich zum Gottesdienst wollte, sein Horn beiseite legte, auf der staubigen Straße niederkniete und den Kranken auf seine Arme nahm. Der Schaum aus dem Munde des Kranken lief über den schönen blauen Anzug.

Auf einmal habe ich gewußt: Das hat der Heiland gemeint, als er seine Leute zum Dienst der Liebe in die Welt schickte. Das kann man nicht organisieren und befehlen, das kann nur die überströmende Liebe Jesu an uns ausrichten.

Wie viele sinken auf dem Wege, den wir gehen, neben uns in den Staub, und wie oft hasten wir in Unachtsamkeit oder Ratlosigkeit vorüber! Jünger Jesu können nicht vorbeigehen, und wenn sie dabei liebe Pflichten versäumen und wenn sie selbst dabei staubig und schmutzig werden – nein, sie können den Bruder am Wege nicht liegen lassen. Kennst du denn nicht all die vielen, die aus dem Staub und Schmutz der Sünde nicht wieder hochkommen? Und wo sind sie denn, die auf den Straßen des Lebens beim Bruder niederknien und ihn einfach festhalten?

Weißt du, ich kann das meiner Natur nach eigentlich auch nicht. Aber ich kenne einen, bei dem kann man das lernen. Er heißt Jesus. Obwohl er es gar nicht nötig hatte, ist er auch unsere Straße gezogen. Und als er uns in unserm Jammer liegen sah, ist er an uns nicht vorbeigegangen, sondern hat uns ewig errettet. Je mehr ich mich vom Heiland festhalten lasse, desto mehr kann ich den Bruder halten.«

Arno Pagel

# Friedrich Busch

*Geb. 30. 11. 1909 in Frankfurt/Main. 1928–1932 Studium der Theologie in Tübingen, Königsberg und Bonn. Vikar in Rheydt (Rheinland). Adjunkt (Gehilfe), dann theol. Lehrer am Kirchl. Auslandsseminar in Ilsenburg (Harz). 1935 zweite theol. Prüfung bei der Bekennenden Kirche (BK) in Wuppertal-Barmen. 1936 Promotion zum lic. theol. bei Prof. Julius Schniewind. Am 31. 8. 1936 wegen Zugehörigkeit zur BK aus dem Dienst des Ev. Oberkirchenrats in Berlin entlassen. (Im selben Jahr Auslandsseminar in Ilsenburg auch wegen Zugehörigkeit zur BK geschlossen.) Leitung des Gemeinschaftsbrüderhauses in Preußisch-Bahnau (Ostpreußen). 1939 bei Kriegsausbruch zur Wehrmacht einberufen. Gefallen in Rußland am 12. 12. 1944.*

## Der Mensch

Friedrich Busch war, wie man zu sagen pflegt, »ganz Mensch«. Wer ihn nicht kannte, hätte ihm den Pastor bestimmt nicht schon aus einiger Entfernung angesehen. Im Umgang und in Gesprächen gab er sich ungezwungen und natürlich. Er verstand sein Menschsein von Christus her und wußte sehr wohl auch um gefährliche Anlagen in seinem Charakter und in seiner Seele.

So hätte er es zum Beispiel ganz entschieden zurückgewiesen, wenn man ihn einen demütigen Menschen genannt hätte. Seiner Anlage nach war er das nicht. Er würde gesagt haben: »Es gibt gar keine natürliche Anlage zur Demut. Sie ist immer eine Frucht des Geistes.« Was er war, das war er allein durch den, der das Menschenbild durch die Erlösung so wiederhergestellt hat, wie es ursprünglich aus Gottes Hand hervorgegangen war: Jesus Christus. Ihn, seinen Herrn, liebte Friedrich Busch über alles und wußte sich durch ihn befreit von aller falschen Selbstbeurteilung wie auch von aller falschen Zielsetzung seines Lebens. Gerade weil er als Christ ganz

Mensch war, erschien es ihm nebensächlich, was er zum Beispiel für einen Eindruck auf diese oder jene Leute machte. Er konnte mit den Menschen ohne Pathos und Salbung reden. Und doch war seine Rede allezeit »gewürzt«. Er war unbefangen in einer geheiligten Natürlichkeit. Wie köstlich war sein Humor! Wie konnte er in den Pausen fröhlich mit uns lachen!

Ich habe es nicht erlebt, daß Friedrich Busch einen Menschen verletzen wollte. Er hat auch nie einen Bruder die große Überlegenheit seines Wissens spüren lassen. Er nahm seine Mitmenschen so, wie sie waren, er sah in jedem den Bruder, dem er um Christi willen verpflichtet war. Er sagte einmal von dem Verhältnis der Menschen zueinander ein ernstes Wort: »Wer Gott nicht hat, wer nichts davon weiß, daß wir zu Gottes Ebenbild geschaffen sind, dem schwindet auch das richtige Gefühl und Verhältnis dem Nächsten gegenüber. Er hat kein Gegenüber von Herz zu Herz, keine Brücke zum Du, und darum auch keine Verbindung, kein Wort. Er ist stumm, tot, lebendig tot, ein wahrer Ölgötze und Maschinenmensch, er redet wie ein Papagei, gelernt, nachgemacht, aber nicht frei aus dem Herzen.«

Friedrich Busch wußte, daß es die geistige Macht des Teufels ist, die in der Entwicklungsgeschichte der Menschheit solche Zerrbilder des wahren Menschseins hervorbringt. Er sah die uns alle bedrohende Gefahr und begegnete ihr, indem er in jedem Menschen das ursprüngliche Gottesebenbild schaute, das wiederherzustellen Christus gekommen ist.

Darum konnte er alle in gleicher Weise ernst nehmen, die Reichen und die Armen, die Klugen und die Einfältigen, die Gebildeten und die Ungebildeten. Seine Redeweise war nicht immer dieselbe, aber die Art und Weise seines Umganges mit den Menschen. Von Gott her sah er sie alle in ihrer besonderen Art und mit ihren bestimmten Aufgaben als seine Menschenbrüder. Ihnen fühlte er sich verpflichtet. Zu seiner Frau konnte er sagen: »Du hast gar keine andere und wichtigere Aufgabe, als mich zu den Leuten hinauszutreiben. Ich hätte vollauf an dir und unserem Kind und meinen Büchern genug und könnte sehr wohl mit euch auf einer einsamen Insel leben.«

Und wie schlicht war er! Nicht nur in seinem Umgang mit anderen, sondern auch in seinen Ansprüchen für sich selber. Bescheiden konnte er auf vieles verzichten, was vielen andern unentbehrlich erschien. Er hat uns den paulinischen Satz deutlich gemacht: »*Das*

aber sage ich, ihr Brüder: . . . die die Dinge der Welt benützen, als
nützten sie sie nicht aus; denn die Gestalt dieser Welt vergeht«
(1. Kor. 7, 29. 31, Zürcher Bibel). Ich kann mich noch sehr gut erinnern, wie er uns gelegentlich sagte, daß das Reich Gottes keinen
äußerlichen Prunk duldet, wie er ihn leider in manchen christlichen
Werken gesehen hatte. Alles Prunken- und Glänzenwollen mit dem
beliebten Hinweis auf die sogenannte Repräsentation wies er scharf
zurück. Unsere beste Repräsentation ist unsere Schlichtheit.

Diese Anspruchslosigkeit im Blick auf seine Person übte er bewußt
gerade auch im Blick auf die im Dienst stehenden Brüder. Mit seinem Vorbild wollte er die Brüder stärken und ihnen deutlich machen, daß zum Wesen christlicher Frömmigkeit auch immer
Schlichtheit und Einfachheit gehören.

Friedrich Busch war auch ein wahrhaftiger Mensch. Er verzichtete
auf alle Phrasen. Er hat darunter gelitten, wenn er Phrasendresche-
rei an seinen Brüdern entdeckte. In einer Studie über den Menschen, die er während des Krieges in Rußland niedergeschrieben
hat, heißt es: »Ja, es ist soweit gekommen, daß weithin das Wort
Mittel ist, nicht sein Herz zu öffnen und dem Nächsten zu erschließen, sondern um die Gedanken hinter dem Wort zu verbergen. Während die Triebe des Tieres offen zutage liegen, nimmt der
Mensch das Wort, um zu heucheln, sich zu tarnen, sein Inneres zu
verdecken.«

Vor allem auch als Soldat hat Friedrich Busch es oft bitter empfunden, wie wenig die Wahrheit galt. Einmal gab es einen Zwischenfall
in der Kompanie, bei dem er für die Wahrheit eintrat. Es handelte
sich um das moralische Verhalten eines Offiziers. Als ihm dieser
dann entgegenhielt, daß er die Unterschriften aller Feldwebel und
Unteroffiziere gegen seine Aussage in der Hand habe, antwortete
Busch: »Wenn die ganze Welt gegen mich stünde und ich mit der
Wahrheit allein wäre, müßte ich doch auf ihrer Seite stehen.« Er
hatte in der Kraft seines Glaubens den Mut, ganz allein dazustehen,
wenn er nur ein gutes Gewissen dabei haben durfte. Er war ein
Mensch, dessen ganzes Sinnen darauf gerichtet war, Christus zu
gefallen.


## Der Seelsorger

In einer Predigt über die Ehebrecherin (Joh. 8, 1–11) sagte Friedrich
Busch: »Es fällt uns – nicht bloß jüdischen Pharisäern – sehr leicht,
über andere zu reden, – über anderes, besonders über das Unschö-

ne; aber es fällt uns sehr schwer, zueinander zu reden.« Es ist bezeichnend und für das Verständnis von Friedrich Busch als Seelsorger wichtig, daß ihm das Gespräch mit andern und das Reden zu andern sehr am Herzen lag. Das zeigte sich auch in seinen Predigten. Sie wirkten oft wie ein Gespräch, das er mit dem einzelnen unter den vielen Zuhörern zu führen suchte. Er wollte dabei die Menschen nicht mit geistreichen Gedanken gefangennehmen, sondern er wollte jedem den Heiland der Sünder groß machen. Hier ließ er sich ganz von der Liebe leiten. Wie oft ist es mir unter seiner Predigt so ergangen, daß ich meinte: Jetzt redet er nur zu mir! Zu seiner seelsorgerlichen Gabe gehörte es aber vor allem, daß er den einzelnen nachging. Bei aller Arbeit, die er zu bewältigen hatte, fand er doch immer wieder Zeit, sich um den andern zu kümmern. So konnte er plötzlich bei einem Bruder auftauchen, der gerade einen Zuspruch brauchte. Das war in der Zeit der Ausbildung mit ihren besonderen Anforderungen nicht selten der Fall. Wenn 30 bis 40 junge Menschen, die sich bis dahin gar nicht kannten, auf engem Raum miteinander leben und aufeinander angewiesen sind, dann ergeben sich daraus allerlei Schwierigkeiten. Wie verschieden waren die Verhältnisse und das Milieu, aus denen die einzelnen Brüder kamen! Wie verschieden war ihre Begabung! Nun galt es, sich einzuordnen. Daß das nicht immer ohne Schmerzen abging, lag klar auf der Hand. Friedrich Busch hat darum gewußt und daran gedacht und manchem durch ein ermutigendes Wort geholfen.

Manchem erschien die praktische Arbeit, die auch zur Zeit im Brüderhaus gehörte, erniedrigend. Das Selbstbewußtsein rührte sich mächtig, und »der Teufel ritt einen nicht schlecht«. Das blieb dem Auge des Seelsorgers nicht verborgen. Niemals aber habe ich beobachtet, daß Friedrich Busch einem so angefochtenen Bruder mit scharfem Tadel gekommen wäre. Er konnte in solchen Fällen vom Segen des untersten Weges reden und dabei auf den hinweisen, der alle Herrlichkeit des Vaters verlassen hat und ins Elend gekommen ist. Mit dem »alten Menschen« hatte er kein Erbarmen. Er richtete ihn aber dadurch, daß er Christus groß machte. Wem Friedrich Busch je einmal so diente, der kann es nicht vergessen.

Drei Züge sind mir an der Seelsorge unseres Lehrers noch in lebendiger Erinnerung:

Da war zunächst seine große Geduld mit schwierigen Menschen. Auch in einer Missionsbruderschaft fehlen solche nicht. Wir haben es unseren Lehrern wahrhaftig nicht immer leicht gemacht. Das Geheimnis der Geduld von Friedrich Busch war die Erkenntnis, daß ein Mensch nie für sich allein existiert. Schwierige Charakteranlagen zum Beispiel sind oft mit der Geschichte von Generationen verquickt. Er verstand es, solche Faktoren zu bedenken, und blieb darum davor bewahrt, in der Beurteilung eines Menschen Kurzschlüsse zu ziehen. Wo andere die Geduld verloren, konnte er sagen: »Der Bruder hat es schwerer als wir. Wir wollen ihm helfen und ihn tragen in Liebe um Christi willen.«

Außerdem ließ er es nie außer acht, daß alle Jünger nur von der Geduld ihres Herrn leben. Es war ihm ernst, wenn er etwa in einer Andacht sagte: »Wenn der Herr die Geduld mit uns verlieren würde, dann wäre es aus mit uns.« Damals wußten wir jungen Leute es noch nicht so wie heute, daß der Herr wirklich täglich viel Geduld an uns wenden muß. Jetzt aber teilen wir die Erkenntnis des Petrus, daß wir *die Geduld unseres Herrn achten dürfen für unsere Seligkeit*« (2. Petr. 3, 15).

Zum anderen war es die Sanftmut unseres Lehrers, in der er uns zu helfen versuchte. Einmal hatten wir als Hausaufgabe eine Auslegung zu schreiben. Jeder versuchte sein Bestes und trug zusammen, wo immer er etwas fand. Dabei rutschte unbewußt manches Zitat als eigenes Erzeugnis in die Arbeit. Die Augen des Lehrers entdeckten solch kleinen »Irrtum«, und es gab ein feines Gespräch mit ihm. Da konnte er dann sagen: »Traue dir nur auch selber etwas zu und gehe mit Gebet an dein Werk, so wird's recht!«

Oder ich denke an die Lehrsaalpredigten, die wohl jeder Bruder ähnlich wie ein Spießrutenlaufen empfunden haben wird. Bei diesem Teil unserer Ausbildung hat es viel Herzklopfen gegeben. Manche kamen ins Brüderhaus und waren schon »fertige Prediger«. Als sie dann aber ein Jahr im Haus waren, konnten sie meist gar nicht mehr predigen. Es zeigte sich viel Ungeschicklichkeit. Doch wenn Friedrich Busch nur sah, daß einer sich ehrlich mühte und von Herzen dabei war, dann konnte er Mut machen, daß es einem ganz wohl ums Herz wurde. Nur von »Strebern« hielt er nichts.

Schließlich muß die suchende und werbende Liebe erwähnt werden, mit der Friedrich Busch irrenden und strauchelnden Brüdern nachging. Oft hört ja die Liebe bei uns Menschen auf, wo sie eigentlich erst einsetzen sollte. Wir stehen immer in der Gefahr, selbst mit dem Evangelium eine Mauer zu errichten, die uns von dem andern trennt, anstatt eine Brücke zu bauen, die uns zu ihm führt.

Wir hatten einen traurigen Fall mit einem Bruder, der einer Verfehlung wegen in kürzester Frist das Haus verlassen mußte. Wir waren alle sehr bestürzt. Ich erinnere mich aber auch noch sehr gut an die Empörung, die damals in unserem Herzen war. Was waren wir doch alles für brave Kerle! Uns wäre so etwas ja nie passiert! Es war noch früh am Morgen, als ich den Bruder über den Hof zu der kleinen Pforte führte, um mich dort von ihm zu verabschieden. Ich tat das mit ein paar frommen Bemerkungen und war froh, daß wir ihn los waren.

Um 8 Uhr kam Friedrich Busch in den Lehrsaal und setzte sich an das Lehrerpult. Bevor wir offiziell begannen, richtete er uns einen Gruß von dem erwähnten Bruder aus. »Ich habe ihn zur Bahn geleitet und konnte noch mit ihm reden«, sagte er so nebenbei.

Wie haben wir uns an jenem Morgen geschämt! Wir waren froh, daß unsere Verhältnisse geordnet waren, ohne uns weitere Gedanken über den Weg des Bruders zu machen. Friedrich Busch war es ein Anliegen gewesen, daß das Leben des gestrauchelten Bruders in Ordnung kam, ohne sich sonderliche Sorgen um den Ruf des Hauses zu machen. Das überließ er dem Herrn. Darum ging er offen mit dem Bruder zum Bahnhof, trug ihm den Koffer und redete mit ihm – von dem neuen Anfang, der um Christi willen jedem möglich ist, der sich unter seine Verfehlung stellt und die Gnade neu im Glauben ergreift.

## Der Lehrer

Wer Friedrich Busch als Mensch gekannt und als Seelsorger erlebt hat, der ist reich beschenkt worden. Wer ihm als Lehrer zu Füßen saß, konnte sich glücklich preisen. Er war ein Mann der Bibel. Jemand, der ihn gut kannte, sagte einmal von ihm: »Keine noch so eindrückliche, scheinbar endgültige theologische Formulierung – und wenn er ihr Größtes verdankte – konnte ihm das immer neue, selbstlose, erwartungsvolle Hören auf die Schrift ersetzen.«

Als Lehrer hat sich Busch eifrig bemüht, ein möglichst großes Maß an formalem Wissen zu vermitteln. Aber er hat immer gewußt, daß jede echte theologische Arbeit in eine rechte Selbst-, Sünden- und Gnadenerkenntnis führen muß. Hinter aller seiner Lehrarbeit stand die Erkenntnis Luthers: »Theologie macht Sünder.«

Wir, seine Schüler, lernten von ihm das Forschen und Suchen in der Schrift. Er war selber ein Meister der Schrift. Aber er war es nicht so wie manche andere. Es gibt Menschen, welche die Schrift meistern, indem sie ihre Gedanken hineintragen. Sie bauen Systeme, in die sie die Schrift zwingen wollen. Das tat Friedrich Busch nicht.

Dazu war seine Ehrfurcht vor dem Wort zu groß. Er war ein Meister der Schrift, weil er sich durch die Schrift meistern ließ. Zu manchen textkritischen, philologischen und formgeschichtlichen Fragen konnte er sagen: »Die Evangelien werden dort am besten verstanden, wo man nicht fragt, ob man ihnen glauben soll, das heißt der Treue ihrer Berichterstattung, sondern ob man Jesus glauben soll.«

Es gab für ihn eigentlich kein Schriftwort, das nicht von dem redete, der »die Wahrheit« ist. An der umfassenden Bedeutung des Kreuzestodes Jesu und seiner Auferstehung zeigte er die Aussichtslosigkeit auf, durch menschliche Bemühungen gerecht zu werden vor Gott: »Wir müssen die Tatsache unseres Verlorenseins ganz ernst nehmen, um die Freude des Gerettetseins zu empfangen.« Was Friedrich Busch lehrte, war nicht nur biblisch-reformatorisches Erkenntnisgut, sondern seine persönliche Glaubenserfahrung. Ihm war der »gnädige Gott« durchaus keine Selbstverständlichkeit. Die Gewißheit der Vergebung seiner Sünden war für ihn nicht ein unverlierbarer Besitz, der ihn sicher machen konnte, wie wir das ja so oft bei Christen beobachten können. Er stand immer wieder in der Anfechtung und wandte sich immer wieder neu dem Wort zu, in dem ihm die Vergebung zugesprochen wurde.

Ernstlich wehrte sich Friedrich Busch gegen alle sogenannte »Herrlichkeitstheologie«. Er sah die Arbeit der Evangelisation zum Beispiel nicht als eine Möglichkeit an, die Welt besser, christlicher zu machen. Die »Theologie des Kreuzes« bedeutete für ihn den Verzicht darauf. Er wußte, daß diese Welt dem Gericht entgegengeht und als Ergebnis ihrer Entwicklung den endzeitlichen »Menschen der Sünde« hervorbringen wird. Aber er wußte auch, daß Gott diese Welt der Sünder liebt und darum in ihr sein Wort verkündigen läßt. Es ist das Wort, das in eine unausweichliche Entscheidung ruft, in das Entweder-Oder hineinstellt. Man kann gerettet werden oder verlorengehen.

Jedes »Spezialistentum« in endgeschichtlichen Fragen war Busch von Herzen zuwider. Für ihn brachte jeder neue Tag die Möglichkeit der Wiederkunft Christi. Er stimmte mit Augustin, dem Lehrer der alten Kirche, überein, der gesagt hat: »Den einen Tag hat Gott uns verborgen, damit wir achthaben auf alle Tage.« Darum richtete er sein Leben auf »diesen Tag« ein. Er bemühte sich nicht, ein geheiligtes Leben zu führen, damit er in der Wiederkunft Christi dieses oder jenes Ziel erreichen möchte (herrschen – regieren – auf Thronen sitzen!), sondern damit er an »jenem Tage« bestehen möge. »Wo man sich um die Dinge der Zukunft kümmert, die mit unserem Glauben nichts zu tun haben, da widerspricht man dem Worte Gottes. Wo man mit Neugier im Lande der Zukunft herumspekuliert, da schädigt man den Glauben.« Nicht diese und jene herrlichen Dinge erwartete Friedrich Busch von der Zukunft, sondern seine Vereinigung mit dem Sohn Gottes, der Sünder selig macht, dem er im Glauben zu eigen war und der ihn aus dem Glauben zum Schauen führen würde.

So haben wir, seine Schüler, Friedrich Busch erlebt als Menschen, als Seelsorger und als Lehrer. So wie er als Mensch versuchte, ganz dem Herrn zu gefallen, wie er als Seelsorger bemüht war, allein ihm zu dienen an seinen Mitmenschen, so war es ihm als Lehrer ein Anliegen, Christus allein die Ehre zu geben. Kurz war die Zeit seines Wirkens in dieser Zeit bemessen. Aber der Segen, den er hinterlassen hat, wirkt noch fort. Wenn es Gott gefallen hat, ihn so früh abzuberufen, dann hat er gewußt, warum. Was Gott tut ist immer richtig. Wir aber wollen unserem frühvollendeten Lehrer ein liebendes Andenken bewahren und uns freuen auf den Tag, an dem wir mit ihm den Herrn preisen werden in der Schar der Vollendeten.

Franz Girrulat

# Walter Michaelis

*Geb. 4. 3. 1866 in Frankfurt/Oder. Studium der Theologie in Halle, Leipzig, Berlin und Greifswald. An der letzteren Universität tief beeindruckt durch Prof. Hermann Cremer. Vikar in Berlin-Schöneberg und Hilfsprediger in Berlin-Gesundbrunnen. In der Trinitatiszeit 1891 zur Heilsgewißheit gelangt durch das Bibelwort »Ihr habt mich nicht erwählt, sondern ich habe euch erwählt« (Joh. 15, 16). 1892 Pfarrer an der Neustädter Gemeinde in Bielefeld. 1901 Missionsinspektor der Evangelischen Missionsgesellschaft für Deutsch-Ostafrika (später: Bethelmission). Dann kürzere Zeit freier Evangelist. 1908–1920 wieder Pfarrer in Bielefeld-Neustadt. Ab 1920 Dozent für Praktische Theologie an der Theologischen Schule in Bethel. 1906–1911 und 1920–1953 Vorsitzender des Deutschen Verbandes für Gemeinschaftspflege und Evangelisation (Gnadauer Verband). Als Ruheständler nach Göttingen verzogen und dort weiter für Gnadau tätig. Gest. 9. 10. 1954.*

*»Das ist ein Mann voll Heiligen Geistes!«*

Als heimatloser Student wurde ich im November 1915 in das Haus des damaligen Leiters der Berliner Stadtmission, Pfarrer David Schwartzkopff, aufgenommen. Ich war durch den Krieg auf der Reise von Dänemark in die Schweiz in Berlin aufgehalten und von der Polizei als »feindlicher Ausländer« verhaftet worden. Seitdem stand ich unter einer lockeren Polizeiaufsicht, die für mich als Balten aus Livland keine Entwürdigung bedeutete. Durch den Dienst des Missionsinspektors Pastor Hugo Flemming war ich nach langem Suchen zur frohen Heilsgewißheit und damit in den Dienst Jesu gekommen. Nun hatte ich im Schwartzkopffschen Hause eine neue Heimat gefunden, bis ich mein Studium wieder aufnehmen konnte. Bis dahin arbeitete ich mit meinen bescheidenen Kräften in der Stadtmission mit.

Die Stadtmission führte im Ersten Weltkrieg eine sehr umfangrei-

che Schriftenmission durch, zu der auch zwei gedruckte Wochen-
predigten gehörten. »Die sonntägliche Predigt« – einst die »Stök-
kersche Pfennigpredigt« genannt – schrieb der bekannte Evangelist
Samuel Keller, der auch alle vierzehn Tage auf der Kanzel des früheren Hofpredigers Adolf Stöcker stand. Die »Frohe Botschaft«
wurde von Pastor Walter Michaelis in Bielefeld herausgegeben.
Durch Rückgang der Bezieherzahl während des Krieges waren viele
Blätter gefährdet. So erging es auch der »Frohen Botschaft«. Doch
der Herausgeber legte der Sendung einen Notruf auf rotem Papier
bei, und damit war aller Gefahr gesteuert. Schwartzkopff hatte mit
seinen Blättern eine ähnliche Not. Darum imponierte ihm die
Wirkung des Aufrufs von Michaelis, und er sprach erstaunt von
dessen großem Einfluß.

Auf diese Weise erfuhr ich zum erstenmal von Walter Michaelis.
Noch einmal wurde mir sein Name genannt, als ich bei einem kurzen Urlaub in Wernigerode einen Gast aus Bielefeld traf. Dieser
sprach mit dankbarer Wärme von den Predigten des Pastors an der
Neustädter Kirche in seiner Heimatstadt.

Dann kam für mich der Abschied aus Berlin. Ich wollte an der
Theologischen Schule in Bethel weiterstudieren. Am letzten Sonntag in Berlin reichte mir Samuel Keller in der Sakristei der Stadtmissionskirche das Abendmahl. Hernach sagte er zu mir: »Sollten Sie
sich einsam fühlen, so gehen Sie zu Pastor Michaelis in Bielefeld, das
ist ein Mann voll Heiligen Geistes.« Keller übte manche Kritik an
der deutschen Gemeinschaftsbewegung und hatte deswegen eine
scharfe Auseinandersetzung mit Michaelis. Aber er war ehrlich und
demütig genug anzuerkennen, daß dieser mit geistlichen Waffen
focht und es ihm um die Wahrheit und Liebe ging. Viele Jahrzehnte
später erzählte ich Michaelis Kellers Wort. Dem alten Bruder füllten sich die Augen mit Tränen, weil ihm die Objektivität Kellers
imponierte und sein Urteil ihn beschämte.

### Eine Gemeinschaft mit »preußischer Disziplin«

Am Reformationssonntag 1916 saß ich zum erstenmal unter der
Kanzel von Walter Michaelis. Fast war ich im ersten Augenblick
enttäuscht. Hier war nichts von der lebhaften Rhetorik Samuel
Kellers. Es wurde vielmehr sachlich die Frage erörtert, was von einer christlichen Kirche erwartet werden könnte. Michaelis gab eine
tiefgründige Auslegung des Wortes Jesu an Petrus: »*Du bist Petrus,
und auf diesen Felsen will ich bauen meine Gemeinde, und die
Pforten der Hölle sollen sie nicht überwältigen. Und ich will dir des*

*Himmelreichs Schlüssel geben: alles, was du auf Erden binden wirst,*
*soll auch im Himmel gebunden sein, und alles, was du auf Erden lö-*
*sen wirst, soll auch im Himmel los sein«* (Matth. 16, 18. 19). Michaelis betonte, daß die Kirche ihren Gliedern die Evangeliumsbot-
schaft schuldig ist. Sie hat sie so zu predigen, daß sie bindet und löst.
Die Predigt gab mir viel Stoff zum Nachdenken.

Bald kam in mir der Wunsch auf, zu einer christlichen Gemeinschaft gehören zu dürfen, wie ich es von Berlin her kannte. Ich
suchte Michaelis zum erstenmal in seinem Sprechzimmer auf. Es
war ein Zeichen seiner zurückhaltenden Art, daß er weder eine
starke Freude über meinen Wunsch äußerte, noch in mich drang,
um meine Gründe zu erfahren. Nach wenigen Worten überreichte
er mir die Verpflichtungskarte der von ihm geleiteten Gemeinschaft
in Bielefeld-Neustadt mit der Bitte, die darauf stehenden Bedingungen ernsthaft im Gebet zu überlegen und ihm dann meine Stellungnahme mitzuteilen.

Mir war diese Art einer geschlossenen Gemeinschaft neu. Später
wurde ich selbst der Leiter einer solchen in der Matthäigemeinde in
Lübeck, die einst nach den Ratschlägen von Michaelis geordnet
worden war. Der entscheidende Satz des kurzen »Bekenntnisses,
auf das ich mich verpflichten sollte, lautete: »Ich weiß, daß ich
durch Jesus Vergebung meiner Sünden habe, wovon sein Geist mir
Zeugnis gibt.« Das konnte ich fröhlich bezeugen.

Die Mitgliedschaft in der Gemeinschaft, in die ich nun aufgenommen wurde, brachte mir großen Gewinn. Alle vierzehn Tage fand
eine Bibelbesprechung unter der Leitung von Walter Michaelis
statt. War er verreist oder sonst verhindert, so vertrat ihn der zweite
Pastor an der Neustädter Kirche, Wilhelm Kuhlo, ein jüngerer
Vetter des bekannten Posaunengenerals. Michaelis und Kuhlo waren beide theologische Schüler des Greifswalder Professors Hermann Cremer. Es bestand zwischen ihnen beiden bei aller sonstigen
Verschiedenheit eine echte brüderliche Verbundenheit. Die Bibel-
besprechstunde schloß mit einer regen Gebetsvereinigung, zu der
wir alle vor unsern Stühlen niederknieten. An den Dienstagen zwischen diesen allgemeinen Gemeinschaftsstunden waren wir in
häusliche Kleinkreise eingeteilt, deren Besuch ebenso verbindlich
war wie der Besuch der großen Stunde, zu der etwa 120 Teilnehmer
kamen. War man durch triftige Gründe verhindert, so sollte man
eine begründete Entschuldigung einsenden. Diese »preußische«
Disziplin war für Michaelis charakteristisch, der sein Herkommen
aus einer alten Beamtenfamilie nie verleugnete.

Mein Verhältnis zur Neustadt, wie die Gemeinde kurz genannt wurde, sollte noch viel enger werden. Die Theologische Schule in Bethel wurde des »Hilfsdienstgesetzes« wegen geschlossen. Ich arbeitete daher fortan in den Bodelschwinghschen Anstalten »mit der blauen Schürze«, d. h. in der Krankenpflege. Gleichzeitig leitete ich aber einen Schülerbibelkreis an der Neustadt. Im Jahre 1916 fiel der vierte Advent auf den 24. Dezember, an dem abends in der Kirche die gutbesuchte Christvesper stattfand. Michaelis rechnete wohl damit, daß der Morgengottesdienst daher kaum so viele Besucher haben würde, wie es sonst in der Neustädter Kirche Brauch war, und er fragte mich, den jungen Studenten der Theologie, ob ich nicht bereit wäre, die Frühpredigt zu übernehmen. Obwohl ich noch nie auf der Kanzel gestanden hatte, sagte ich mit der Bedenkenlosigkeit der Jugend fröhlich zu – wenn auch nicht ganz ohne Herzklopfen. Im Jahre vorher hatte ich mir in der Berliner Stadtmission schon »meine Sporen« verdient.

Mit Eifer schrieb ich nun in meinen freien Stunden an der Predigt über die herrliche Epistel des vierten Advents: Phil. 4, 4–7: »*Freuet euch in dem Herrn allewege . . .*« Ich lernte meine Niederschrift mit viel Mühe wortwörtlich auswendig, sagte sie meinem jungen Mitpfleger auf und wiederholte sie in schlaflosen Stunden der Nacht. Als ich auf der Kanzel meine Aufregung einigermaßen überwunden hatte und ohne Stocken meine Predigt hielt, entdeckte ich plötzlich Pastor Michaelis, der sich hinter eine Säule gesetzt hatte, um mich nicht befangen zu machen. Unvergeßlich ist es mir, wie er nach dem Gottesdienst in die Sakristei kam und mit fröhlichem Lächeln sagte: »Ach, wie sehr wird man an die erste Predigt erinnert, die man selber hielt!« Kein Lob und kein Tadel, aber ein Stückchen Ermutigung klang mir doch entgegen – und ich hatte sie nötig.

Bald nach Neujahr wurde ich telefonisch zu Pastor Kuhlo gerufen, der damals der Vorsitzende des Bielefelder CVJM war. Dieser hatte sein Heim in der sogenannten »Volkshalle«, dem Gemeindehaus der Neustadt. Die »Volkshalle« war einst ein übelbeleumdetes Lokal gewesen, wo es sogar am Sonntagmorgen Szenen der Trunkenheit und Raufereien zu sehen gab, wenn andere Leute zur Kirche gingen. Michaelis hatte es dann erreicht, daß sich ein Kreis von Kaufleuten mit ihm zusammenschloß, die das Haus kauften und kirchlichen Zwecken zuführten. Hier kam auch mein Schüler-Bibelkreis (BK) zusammen.

Durch diese meine Jugendarbeit war ich Kuhlo ein wenig näher-gekommen. Das überraschende Gespräch mit ihm und eine dar-auffolgende Sitzung mit dem Gesamtvorstand führte dazu, daß ich Sekretär des CVJM wurde. Der bisherige Berufsarbeiter war zum Kriegsdienst einbezogen worden. Das knappe Jahr 1917 – im Herbst bezog ich die Universität Tübingen – gehört für mich zu den schönsten Erinnerungen. Das Ravensberger und Lipper Land und der Teutoburger Wald, der zu allen Jahres- und Tageszeiten durchwandert wurde, ist mir ein Stück Heimat geblieben. Viel danke ich Kuhlo, der mein unmittelbarer Vorgesetzter war.

Das war aber auch Michaelis, so daß ich – ganz gegen das Wort der Bergpredigt – »zwei Herren diente«. Mein Geldbeutel war schmal, darum konnte ich meinen Lebensunterhalt nicht selber bestreiten. So erhielt ich freie Wohnung in der »Volkshalle« und ein Taschen-geld von Michaelis. Das verschaffte mir den wirtschaftlichen Status eines Vikars der Kirche der Altpreußischen Union. Ich war also auch Michaelis verpflichtet. Ich hatte sonntags den Kindergottes-dienst zu halten, wenn Michaelis verhindert war, regelmäßig aber den liturgischen Teil zu bestreiten. Dazu kam einmal im Monat eine Predigt im Hauptgottesdienst. Ich bewundere im Rückblick den Mut von Walter Michaelis. Der meinige war zwar nicht kleiner! Was wagt nicht alles ein junger Mann von 22 Jahren! Ich hatte von der Theorie der Predigt, ihrer Vorbereitung und Einteilung nicht mehr Ahnung als jeder aufmerksame Zuhörer. Michaelis war nach-sichtig und ließ mich gewähren. Wahrscheinlich rechnete er auch damit, daß ich ja noch durch die »professörliche Mühle« hindurch müßte.

Einige Male nahm ich an seinem Konfirmandenunterricht teil. Hätte ich es doch regelmäßig getan! Heute noch erinnere ich mich seiner plastischen Gleichnisse und Bilder.

Meine »Bude« hatte ich ja in der »Volkshalle«. Damit war ich fast unmittelbarer Nachbar des Hauses Michaelis. Daraus ergab sich ein reger Verkehr, zumal der älteste Sohn Paul, auch stud. theol., von der Front in Mazedonien nach schwerer Malariaerkrankung einen längeren Heimaturlaub erhalten hatte. Die beiden nächsten Söhne, Karl und Gottfried, waren eifrige Glieder des BK. So entstand eine herzliche Freundschaft mit dem ganzen Hause Michaelis, die Jahr-zehnte dauerte.

Das Jahr 1917 war ein erregendes Jahr. Da war nicht nur der nicht enden wollende Krieg und der besonders für junge Menschen bit-tere Steckrübenwinter mit seinem erheblichen Hunger. Auch in-

nenpolitische Kämpfe erschütterten das Kaiserreich, das ein Jahr
später versank. Ich erinnere mich, wie der Untertertianer Gottfried
Michaelis erregt in mein Zimmer stürzte: »Herr Brandenburg, mein
Onkel Georg ist – Reichskanzler geworden!« Politische Gespräche
blieben nicht aus. Und doch standen sie nicht im Mittelpunkt.

## Glaube und Denken geeint

Mit tiefem Dank erinnere ich mich an einige Male, wo Walter Michaelis, von der Reise zurückkommend – einmal hatte er seinen
Bruder im Reichskanzlerpalais in der Wilhelmstraße in Berlin besucht – mich zu einem Spaziergang einlud. Damals kam man schnell
aus der Bielefelder Neustadt in die Täler und auf die Höhen des
Teutoburger Waldes. Michaelis wollte offenbar laut denken und
dabei Eindrücke und Sorgen innerlich verarbeiten. Dazu suchte er
neben sich das hörende Ohr.

Am wertvollsten war es, wenn er mir über die kirchliche Lage, über
die Gemeinschaften des Gnadauer Verbandes, dessen Vorsitzender
er lange Jahre war, aber auch über theologische Probleme berichtete. Er war ein gründlicher Denker. Die schweren Fragen des Verhältnisses der Landeskirche mit ihrem damaligen Monopol-
anspruch zu den freien Werken der Gemeinschaften und die
Kämpfe zwischen Pietismus und Konfessionalismus – alles hatte er
existenziell durchdacht. Ich hörte aus berufenem Munde die Geschichte der sogenannten »Berliner Erklärung« gegen die Pfingstbewegung, die die Gemeinschaften spaltete. Michaelis war ein
Schüler Otto Stockmayers, den er lange als sein Vorbild schätzte.
Sein warmer pietistischer Glaube war verbunden mit einem sehr
bewußten Heiligungsleben. Zugleich aber war er ein gründlicher
theologischer Denker. Es war nicht leicht, ihn zu widerlegen.

Er kannte alle Einwände gegen den Pietismus, erkannte auch die
Schwächen und Gefahren der Gemeinschaftsbewegung und hatte
doch ein brennendes Herz voller Bruderliebe für ihre Glieder. Er,
der fest in der Landeskirche wurzelte, war in herzlicher Freundschaft mit freikirchlichen Brüdern verbunden, etwa mit dem Generalleutnant von Viebahn oder mit dem Missionsdirektor Mascher
von der baptistischen Mission. Er blieb seiner Kirche treu, obwohl
er heiß bekämpft wurde und auch selbst den Kampf nicht scheute.
Als ihm z. B. die Konfirmationsnot, die durch das jungen Menschen abgenötigte Bekenntnisgelübde entstand, auf den Nägeln
brannte, führte er jahrelang einen heftigen Streit mit dem königlichen Konsistorium in Münster und weigerte sich, diesem zu

gehorchen. Das bedeutete in jener Zeit etwas anderes als heute in der Zeit des schrankenlosen Subjektivismus.

Michaelis hatte keine starke Gesundheit. Als er einst im Jahre 1919 krank von einer Reise heimkehrte, fand er mich allein in seiner Wohnung, wo ich mich in der Stille auf mein erstes theologisches Examen vorbereiten durfte. Damals habe ich einige Tage ihm als freiwilliger Krankenpfleger dienen müssen. Es war nichts von Wehleidigkeit an ihm. Er konnte mit fröhlichem Humor über die eigene Schwachheit lächeln. Er erlebte ja alles im Glauben.

Der Glaube war in Wahrheit sein Lebenselement. Dieser Glaube dieses geistvollen, klugen und erfolgreichen Mannes war ungemein kindlich. Jedes wohl überlegte Zeugnis oder Urteil sprach er aus in der Gegenwart seines Herrn. Später wurde Michaelis Dozent für Praktische Theologie an der Theologischen Schule in Bethel. Damals wurden wir für anderthalb Jahre Nachbarn, während ich Repetent und Lehrer für Kirchengeschichte war. Ich erlebte Michaelis im Gespräch über theologische Fragen mit seinen Kollegen und erkannte noch deutlicher, wie bei ihm Glauben und Denken geeint war. Da wir auf dem Friedhofsweg einander gegenüber wohnten, war der Verkehr der Familien und der persönliche Austausch aufs neue rege.

*Jede Begegnung eine Glaubensstärkung*

Damals wurde unser Ältester geboren, der später ein Opfer des Zweiten Weltkrieges wurde. Meine Frau und ich, die wir beide den Traditionsglauben unserer Elternhäuser als ungenügend empfanden, standen vor der Frage der Kindertaufe. Die bloße bürgerliche Gewöhnung weckte unsere Opposition. Sollten wir nicht warten, bis unser Kind einst persönlichen und bewußten Anschluß an Jesus fand? Bei Michaelis fanden wir Verständnis für unsere Frage. Und er half uns zur Klarheit. Das Schenken Gottes ist nicht von unserer persönlichen Reife abhängig und geht immer unserem Glauben voraus. Zu leicht kann der Täufling sich über seine eigene Reife täuschen, wenn erst diese die Taufgnade wirksam machen soll. Michaelis übernahm dann die Taufe unseres Kindes und sprach über den 23. Psalm, der den Namen unseres Jungen, Traugott, auslegt. Als dieser etwa vierzehn Jahre später, sehr überraschend für uns, zu einer entschlossenen Wendung zu Jesus kam, wurde ihm der 23. Psalm ein Grund immer neuer Dankbarkeit bis zu seinem Tode. Ohne unser Zutun, die wir an unsere eigene Taufe wenig gedacht haben mögen, hat er als Student und Soldat sich oft dankbar dessen erinnert, daß Gott sich in der Taufe zu ihm bekannt hatte – lange ehe er selbst den Gehorsamsschritt des Glaubens tat.

Michaelis danke ich, daß ich Pastor an der St.-Mätthäi-Kirche in Lübeck wurde. Mein verstorbener Vorgänger Alfred Haensel war durch das Zeugnis von Michaelis einst zum lebendigen Glauben durchgedrungen. Die Haltung und das Wirken von Michaelis war ihm zum Vorbild geworden. Nach seinem frühzeitigen Tode wandte sich die Gemeinde an Michaelis mit der Bitte um Vermittlung eines Nachfolgers. So kam der Schüler von Walter Michaelis auf die Kanzel dessen, der seine Jesuserkenntnis Michaelis dankte!

Wir sind uns später noch oft begegnet. Als meine Frau schwer krank in der Betheler Anstalt lebte, habe ich oft die Gastfreundschaft des Hauses Michaelis erfahren, sogar meinen Urlaub dort verleben dürfen. Michaelis' väterlicher Beistand half mir, die Lasten gehorsam zu tragen, die Gott mir auflegte. Auch meinen nicht leichten Entschluß, in eine zweite Ehe zu treten, faßte ich erst, nachdem ich einige Tage bei ihm gewesen war und wir miteinander um die Weisung des Herrn gebetet hatten.

Jede Begegnung mit Michaelis in seinem Alter wurde mir eine neue Glaubensstärkung. Ob er uns nun in Berlin-Lichtenrade besuchte und an meinen Evangelisationsvorträgen teilnahm oder ob ich ihn nach meiner Gefangenschaft im Zweiten Weltkrieg in Göttingen aufsuchte. Unvergeßlich sind mir die Sitzungen des Gnadauer Vorstandes, bei denen ich als Vertreter des Bundes der Gemeinschaftsdiakonissenhäuser anwesend war. Brüderlichkeit, Geduld und Festigkeit zeichneten seine Leitung aus, wobei wir immer wieder merken konnten, daß es ihm zutiefst um die Führung durch den Heiligen Geist ging.

Das letzte Mal traf ich meinen väterlichen Freund als schwer Leidenden in Königsfeld im Schwarzwald. Seine Freude am Herrn war ihm geblieben. Und die Liebe zu den Brüdern strahlte von ihm aus.

Hans Brandenburg

## Zwei Zeugnisse von Walter Michaelis

*Aus einer Konferenzansprache 1907*

»Tiefer in Christum hinein! Tiefer in Christum hinein, damit unser Dienst wirklich fruchtbar wird, damit wir den hohen Beruf, als Kinder Gottes dazustehen, wirklich erfüllen, damit unser Herz voll

Freude wird. Tiefer in ihn hinein! Das bewahrt vor vielem, woran das Glaubensleben vieler Kinder Gottes krankt. Dieser Mangel ist die Ursache, warum Gottes Werk in der Welt so wenig vorangeht. Wenn Gottes Segnungen uns tiefer in den Herrn und seine wahrhafte Gemeinschaft führen, dann bewahrt uns das davor, nur Kenntnisse zu gewinnen, die dem kalten Mondlicht gleichen und in deren Licht oft nur das Selbstbewußtsein des Menschen sich wohl fühlt und der Mensch auf eigene Höhen gehoben wird. Tiefer in den Herrn hinein! Das bewahrt die Seinen vor falschen Höhen, auf denen der Herr nicht segnen kann, und bewahrt auch vor dem Müdewerden, weil es vor der eigenen Kraft bewahrt. Wunderbare Frische geht von dem Herrn aus, wenn man in seiner Kraft arbeitet. Es würden nicht so viele Knechte Gottes zusammenbrechen, wenn sie tiefer in Christum kämen. Wir würden auch mehr vor selbstgewählten Wegen bewahrt bleiben. Die Einfalt in Christus bewahrt vor Irrwegen zur Rechten und zur Linken.«

## Das Kreuz als Stern und Kern der Verkündigung

»Sehr bald nach dem Antritt meines Bielefelder Pfarramts kam der schon vorher eingeladene Prediger Elias Schrenk zu einer 15tägigen Evangelisation nach Bielefeld. Ich besuchte möglichst jede seiner Abendversammlungen und Bibelstunden. Dabei wurde mir klar, daß bei ihm das Wort vom Kreuz noch eine ganz andere Rolle spielte als bei mir in meinen Predigten. Ich ging in seine Sprechstunde und sagte ihm, was mich bewege. Er machte nicht viel Federlesens mit mir, sondern sagte kurzweg: ›Warten Sie nur, bis Sie den Schmutz im eigenen Herzen und in der Welt immer klarer erkennen. Dann wird das Kreuz wie von selbst immer mehr Ihre Zuflucht und Kern und Stern der Verkündigung.‹

So war es auch. Und dazu kamen dann die persönlichen Führungen. Und das Ganze darf ich wohl als eine Vorbereitung auf meinen Gnadauer Dienst ansehen, um auch den Brüdern in der Gemeinschaftsbewegung, sofern sie es noch nötig hatten, zu helfen, für ihr Glaubensleben doch ja kein anderes Fundament zu haben als die Vergebung der Sünden, diese aber nicht verstanden als ein Übersehen der Sünden seitens Gottes, sondern als eine Frucht der Gerechtigkeit durch den Glauben und Versetzung in einen neuen Stand (Röm. 3, 23–26; 4, 5–8; 2. Kor. 5, 17 ff.). Ich bin im späteren Leben mit Brüdern der verschiedensten konfessionellen Zugehörigkeit, vom Darbysten bis zum strengsten Lutheraner, zusammengetroffen, habe aber gefunden, wo zwischen uns das gleiche Fundament der Vergebung der Sünden war, da war wie von selbst die Brüderlichkeit vorhanden. Und immer wenn es Brüder waren, welche Rechtfertigung und Heiligung auseinanderrissen und die zweite als eine höhere Stufe ansahen, da hatte ich immer die Empfindung, es ist etwas wie eine dünne Glaswand zwischen uns, obwohl wir doch demselben Herrn dienen wollten.«

# Emilie Siekmeier

*Geb. 24. 2. 1871 in Detmold. 20. 4. 1900 eingetreten ins Gemeinschafts-Mutterhaus in Borken (Ostpreußen). 1903 Hausmutter im Diakonissen-Mutterhaus Vandsburg (Westpreußen). 1920/21 Gründung des Mutterhauses »Neuvandsburg«. 1924 Generaloberin (Werkmutter) des Deutschen Gemeinschafts-Diakonieverbandes in Marburg/Lahn. Gest. 10. 11. 1948.*

*». . . ihm dienten ohne Furcht unser Leben lang«*

Schwester Emilie Siekmeier verlebte als Älteste von sieben Geschwistern eine glückliche Jugendzeit in ihrer Heimat, dem Lipperland. Von ihren Eltern wurde sie in der Zucht und Vermahnung zum Herrn erzogen und zum Gehorsam, zur Wahrhaftigkeit, zu gewissenhafter Arbeit, Treue und Pünktlichkeit angehalten. Als Älteste lernte sie früh Verantwortung tragen für ihre Geschwister, mit denen sie stets in inniger Liebe verbunden blieb. In ihren Grundzügen war Schwester Emilie sonnig, fröhlich, arbeitsfreudig, bestimmt und energisch, tatkräftig und entschlossen. Als Kind war sie jedoch furchtsam und schüchtern. Wenn sie z. B. allein zu Hause bleiben mußte, versteckte sie sich aus Furcht so lange, bis ihre Mutter wiederkam. Ihrer Schüchternheit wegen schickte sie gern ihre jüngeren Geschwister vor, wenn es galt, etwas auszurichten. Als die Gnade Gottes in ihr Leben trat, wurde ihr die Erlösung von aller Furcht und Schüchternheit geschenkt. Deshalb liebte sie Lukas 1, 74: ». . . *daß wir, erlöst aus der Hand unserer Feinde, ihm dienten ohne Furcht unser Leben lang.*« Sie hat gerade dieses Wort gern ihren Schwestern zugerufen. So kannten wir sie auch. Unerschrocken und mutig ging sie stets den Schwestern voran, wo es darauf ankam, im Gehorsam gegen den Herrn seine Aufträge auszurichten.

Sie enthielt ihren Schwestern nichts vor von dem, was ihnen gemeinsam oder unter vier Augen gesagt werden mußte, zumal wenn sie an ihnen etwas sah, was mit der Nachfolge des Herrn nicht übereinstimmte oder was für spätere Aufgaben ihnen hinderlich sein könnte. Dazu gehörte viel Mut. Deshalb bezeugten viele Schwestern es immer wieder: »Bei Schwester Emilie wußte man immer, woran man war.« Sie hat nie hinter dem Berg zurückgehalten, hat auch nie ein Blatt vor den Mund genommen. Das war ein Zeichen der Aufrichtigkeit, aber auch des Vertrauens zu ihren Schwestern und der mütterlichen Liebe, die weiter schaute. Denn Wahrheit, mit Liebe gepaart, führt, wenn sie angenommen wird, zur Lichtesgemeinschaft und zu innerer Verbundenheit, die den Familiencharakter unserer Schwesterngemeinschaft ausmacht.

Im Jahre 1896 wurde Schwester Emilie im Alter von 25 Jahren ein Eigentum des Heilandes, mit ihr drei Angehörige und ihre Freundin. Besonders durch die Predigten von Pastor Theodor Haarbeck in Wuppertal wurde sie der Sündenvergebung gewiß. Jugendbund und Gemeinschaft kannte Schwester Emilie damals noch nicht, sondern nur die kirchlichen Gottesdienste. Als ein Jahresfest des ersten Jugendbundes für entschiedenes Christentum (EC) in Deutschland gefeiert wurde, folgte sie einer Einladung nach Salzuflen. Die Eindrücke, die sie dort bekam, erfaßten tief ihr Herz. Sie kam in engere Verbindung mit dem EC, besonders auch durch das Blatt »Die Jugendhilfe«, das sie eifrig verbreitete. So arbeitete sie schon damals als Blättermissionarin. In einer Weihestunde bei Pastor Kissing in Barmen erging an sie der Ruf des Herrn für seinen Dienst, gleichzeitig an ihre Schwester, an ihre Freundin und ihre Kusine. Das Wann und Wo blieb ihr zunächst noch verborgen. Ihre Schwester und ihre Kusine traten ins Kreuznacher Mutterhaus ein. Ihr aber war der Weg innerlich noch nicht klar. Als Pastor Blecher, der Gründer des EC in Deutschland, ihr das Straßburger Mutterhaus empfahl und als ihr auch Bethel bei Bielefeld offenstand, wo man sie zur Aushilfe in Paris wünschte, konnte sie das doch nicht als ihren Weg ansehen.

Erst als die Gründung eines Gemeinschafts-Schwesternhauses in der »Jugendhilfe« angekündigt wurde, da wußte sie: »Das ist das Haus, wohin Gott mich führen will.« Aber auch jetzt blieb sie noch weiter in Spannung. Es gab für sie manchen Spott zu tragen, daß sie in ein Mutterhaus eintreten wollte, das erst gegründet werden sollte und noch dazu in Ostpreußen, wo »die Füchse und Wölfe« sich nach dem Volksmund »Gute Nacht« sagten. Doch sie ging unbeirrt ihren Weg in großer Gewißheit.

Am 20. 4. 1900 trat sie in Borken ein. Im dortigen Pfarrhaus stand die Wiege des Deutschen Gemeinschafts-Diakonieverbandes. Die Darbietung des Wortes Gottes, die Unterrichtsstunden, besonders die Heilslehre, das Vorbild der Hauseltern und die innere Verbundenheit mit den Schwestern, alles dieses wirkte an ihrem Herzen so, daß ihr ein Licht nach dem andern aufging sowohl über ihr selbstsüchtiges Ich als auch über ihren herrlichen Heiland, vor dem sie von ganzem Herzen offenbar werden wollte. Bald übernahm sie hier schon Verantwortung, als der erste Hausvater, Pfarrer Blazejewski, nach kurzer Krankheit vom Herrn abgerufen wurde und sie die leidende Witwe mit den Kindern zu betreuen hatte. Diese Verantwortung vermehrte sich noch nach Übersiedlung der kleinen Schwesternschaft nach Vandsburg im November 1900, wo Pfarrer Theophil Krawielitzki fortan ihr Hausvater war.

Es war ein besonderes Erleben, als Schwester Emilie sich mit den andern Schwestern nach all dem Geschehen in Borken wieder mehr ihrer Ausbildung widmen und das Wort Gottes in Vandsburg reichlich hören konnte. Sie arbeitete bald danach auf einzelnen Stationen in Gemeinde- und Privatpflege. Noch in späteren Jahren hat sie mit größter Freude von der Kostbarkeit des schönen Dienstes erzählt, Mutter der Gemeinde zu sein und Menschen zum Heiland zu führen.

Im Mai 1903 berief Pfarrer Krawielitzki Schwester Emilie als Hausmutter nach Vandsburg ins Mutterhaus, da Frau Pfarrer Blazejewski ihren Dienst als Hausmutter aufgab. Schweren Herzens, aber im Gehorsam gegen den Herrn, löste sie sich aus dem ihr liebgewordenen Dienst. Mit dem vollen Einsatz ihrer kraftvollen Persönlichkeit stand sie fortan der neuen Aufgabe vor.

Der Herr hatte sie mit einem ausgeprägt praktischen Sinn ausgestattet. Mit viel Umsicht und Weitblick führte sie ihre Schwestern in die Linien des Dienstes ein. Selbst zu jedem Opfer bereit, wollte sie jeder Schwester helfen, eine echte Diakonisse und eine wirkliche Nachfolgerin Jesu Christi zu werden. Sie liebte Gottes Wort, kam täglich hungrig und durstig zum Herrn, um sich aus seinem Wort stärken zu lassen. Sie lebte aus dem Wort. Der Herr schenkte ihr viel innere Vollmacht, ihren Schwestern die Wahrheit des Kreuzes so zu zeigen, wie er sie ihr aufgeschlossen hatte. 1908 wurde noch mehr auf ihre Schultern gelegt, als Pfarrer Krawielitzki sich nach Marburg berufen wußte, wo das Mutterhaus »Hebron« und ebenso das Brüderhaus »Tabor« begonnen worden waren. 1909 kam noch die »Hensoltshöhe« in Gunzenhausen dazu. Schwester Emilie aber blieb in Vandsburg allein zurück.

Vandsburg war zu jener Zeit als Stamm-Mutterhaus noch die Zentrale, wo Lehrkurse und Erholungskreise für die Schwestern der Tochter-Mutterhäuser abgehalten wurden. Das schnelle Wachstum des ganzen Werkes stellte ungeheure Anforderungen auch an Schwester Emilie, ebenso später der Erste Weltkrieg mit seinen vermehrten Aufgaben bis hin zur Abtrennung Vandsburgs an Polen 1920. Damals siedelte Schwester Emilie mit dem größeren Teil der Schwestern von Vandsburg um und bildete mit diesen das vierte Mutterhaus, »Neuvandsburg«, das zunächst in Berlin-Schlachtensee, dann in Rathen in Sachsen Unterschlupf fand und schließlich im März 1921 in Elbingerode am Harz festen Fuß fassen konnte. Auch hier hieß es wieder, von vorn anzufangen. Was das bedeutet, wenn solch eine große Familie auf der Flucht ist, können nur wenige ermessen. Was da geleistet werden mußte!

So ging es in Schwester Emilies Leben ständig von einer Aufgabe zu einer andern noch größeren. Auch von »Neuvandsburg« hatte sie sich bald wieder zu lösen. 1924 berief Pfarrer Krawielitzki sie in die Gesamtleitung des Werkes nach Marburg als Generaloberin (Werkmutter). Von dort aus hat Schwester Emilie fast 24 Jahre den Schwestern der deutschen Mutterhäuser, den Brüdern und ihren Familien vom Brüderhaus, dem »Ländli« (Schweiz), Amerongen (Holland), Liberty Corner (USA), der China-Mission und der Brasilien-Mission – sie alle bildeten die große, weite Familie des Deutschen Gemeinschafts-Diakonieverbandes (Marburger Werk) – viele wertvolle Dienste getan, brieflich und mündlich und besonders fürbittend, bis in das letzte Lebensjahr hinein.

Dann kam die Zeit, wo sie in wenigen Monaten wie ein Licht sichtbar immer kleiner wurde, bis es nur noch flackerte und dann still erlosch.

So steht ein Leben vor uns, von Gott ausgefüllt mit seiner Gnade. Wir können nur danken und anbeten, daß wir solch eine Mutter von Gott geschenkt bekamen und an ihr über 48 Jahre in unserer Mitte solchen Dienst gesehen haben. Ihr Andenken wird in unseren Herzen bleiben.

Arno Haun

# Was sich von Schwester Emilie einprägte

Das Wesensbild von Schwester Emilie Siekmeier, wie es sich in ihrem Leben und Dienst darstellte, hat viele bleibend und gesegnet beeindruckt und beeinflußt. Wir geben einigen Zeugnissen davon Raum:

## Seelsorge – Fürsorge

»Schwester Emilie war eine Seelsorgerin nach dem Herzen Gottes. Sie sah Nöte, die andern oft verborgen blieben. So konnte sie unvermittelt eine Schwester fragen, warum ihr Auge so trübe blicke und ihr Gesicht dunkel sei. Mit feinem, liebewarmem, innerem Verstehen vermochte sie in rechter Weise zu reden, zu trösten, zu helfen und zurechtzubringen. Sie sah auch oft schon im Geist weit voraus, was Gott aus dieser und jener Schwester machen wollte. Stiefkinder hatte sie nicht, ihr waren alle Schwestern lieb und wert, aber Sorgenkinder hatte sie, um die sie sich in besonderer Weise mühte. Bei ihr hieß es allezeit: ›*Die Liebe Christi dringet mich also.*‹ Und aus dieser Liebe heraus quoll das Verlangen, Verlorene zu retten. Deshalb war es ihr eine heilige Pflicht, ihre Schwestern immer wieder zum Zeugnis und Seelendienst anzuspornen. So standen Seelengewinnung und Seelenpflege bei allem Dienst immer wieder im Vordergrund.

Was Schwester Emilie noch besonders kennzeichnete, war ihre rührende Fürsorge. Ihre Angehörigen, einen großen Bekanntenkreis, Schwestern und Brüder, die Familien der Mitarbeiter, groß und klein insgesamt, betreute sie mit großer Liebe und Hingabe. Immer wieder bewegte sie die Frage: ›Wie kann ich helfen?‹ Nicht nur uns Schwestern, sondern auch unsere Angehörigen hatte sie mit aufs Herz genommen und sorgte sich um sie. Ging z. B. die Mutter einer Schwester heim, dann nahm sie zuweilen die Schwester in den Arm und sagte: ›Nun will ich dir so gern auch deine liebe Mutter ersetzen.‹«

## Treue im Kleinen

»Ungeschminkt sagte uns Schwester Emilie die Wahrheit und suchte, uns zur Hingabe, zur Pünktlichkeit und zur Treue im Kleinen zu erziehen. Dasselbe verlangte sie aber auch von sich selbst. Wie hat sie uns diese Treue vorgelebt! Sie sagte oft: ›Niemals wird euch eine große Aufgabe anvertraut werden können, wenn ihr nicht treu seid im Kleinen.‹«

## »Verzeih mir bitte!«

»Es war nicht so, daß Schwester Emilie keine Fehler machte. Aber sie konnte um Verzeihung bitten und einen Irrtum zugeben. Einmal besuchte sie eine Schwester, der sie ein hartes Wort gesagt hatte. Als sie schon wieder abgereist war, fiel ihr das auf die Seele. Kurz entschlossen fuhr sie wieder zurück und sagte: ›Schwester, ich muß noch einmal zurückkommen. Ich habe dir Unrecht getan, verzeih mir bitte!‹ Diese Schwester war überwältigt, und von dieser Zeit an war sie mit Schwester Emilie erst recht innig verbunden.«

## »Gott will dich brauchen!«

»Schwester Emilie war eine Mutter in Christo. Mir war es aus dem Herzen gesprochen, was eine Schwester schrieb: ›Ich liebte an ihr besonders die Liebe und Weitherzigkeit. Sie war in ihrem Glaubensleben frei und weit und doch gründlich und entschieden, so charaktervoll.‹

Unter manchen Erlebnissen steht mir eine Begebenheit mit ihr besonders vor Augen. Als junge Schwester befand ich mich in einem großen Zwiespalt. Ich hatte versagt, war innerlich verängstigt und völlig daneben. Ich war verzweifelt über mich selbst und mein trotziges Herz, das ausschlug gegen die Behandlungen und Mahnungen der andern. Zugleich durchzog mich ein starkes Sehnen nach rechter Freude im Herrn und im Dienst für ihn.

Da, eines Tages hieß es: ›Schwester Emilie kommt!‹ Gemischte Gefühle durchzogen mich. Freude? Ja und nein! Es war ja innerlich mit mir nicht in Ordnung. Angst? Ja, was sollte aus mir werden, wenn Schwester Emilie von meinem trotzigen Verhalten, das schon so lange andauerte, hören würde?

Einige Schwestern durften zu Schwester Emilie kommen. Auch mein Name fiel. O mein Gewissen schlug! Das Herz klopfte mir fast zum Zerspringen. Angst beschlich mich, daß ich zu hören bekommen würde: ›Du bist entlassen, solch eine Schwester können wir nicht länger brauchen.‹

Wenige Minuten später saß ich vor Schwester Emilie. Ich hatte kaum ein paar Sätze geformt, da hatte Schwester Emilie schon alles gelesen, was mir im Angesicht und tief im Herzen brannte, ohne daß ich ihr davon im einzelnen zu erzählen brauchte. Schon hatte sie mich in ihre Arme genommen, drückte mich fest und warm an ihr Herz und sagte: ›Mein liebes Kind, du tust dich ab, habe Mut, Gott will dich brauchen!‹ Nie werde ich diese Augenblicke vergessen, als mein Versagen und meine Ungezogenheit mit Liebe und mutmachenden Worten und meine Angst, entlassen zu werden, mit dem ermutigenden Satz: ›Gott will dich brauchen!‹ beantwortet wurden. Im Augenblick fiel alles Hemmende ab, der verborgene Trotz war überwunden. Neue Lebenshoffnung und Freude für den Dienst kehrten ins Herz zurück. Mit einem Schlag grüßte mich eine ganz neue Welt. Das hatte ich dem mütterlich-liebevollen Herzen unserer Werkmutter zu danken.«

## »Nicht mehr ich, sondern Christus«

Aus einer Andacht von Schwester Emilie Siekmeier:

*»Ich lebe aber; doch nun nicht ich, sondern Christus lebt in mir. Denn was ich jetzt lebe im Fleisch, das lebe ich in dem Glauben des Sohnes Gottes, der mich geliebt hat und sich selbst für mich dargegeben«* (Gal. 2, 20).

Unser Leben sollte vom Anfang bis zum Ende Hingabe sein. *Vor* dem verlesenen Wort steht noch ein anderes, ohne das man dieses Wort nicht lesen sollte. Es muß in unserem Leben etwas vorausgegangen sein: der eigene Bankrott, ein Erleben Gottes, ein Erleben des Kreuzes. Sonst kann man nicht sagen: »Nicht mehr lebe ich, sondern Christus lebt in mir.« In diesem Sinne schreibt der Apostel das *vorhergehende* Wort: »*Ich bin mit Christus gekreuzigt.*«

Wenn der Herr einer Schwester, die bisher empfindlich war oder leicht Tränen in den Augen hatte oder ein langes Gesicht machte, weil ihr etwas gesagt wurde, endlich das Kreuz als Hinrichtungsmittel für alle Empfindlichkeit aufschließt, dann geht es ihr mit einem Male auf: »Ich brauche nicht mehr empfindlich zu sein; alle, die mir etwas sagen, meinen es gut mir mir. Ich bin mit Christus gekreuzigt!«

Mein Ich, so schlecht wie es ist, ist mit Christus gekreuzigt, ist abgetan! Es bleibt am Kreuz, es hat nichts mehr zu melden. Wenn es wieder einmal redet und zu seinem Recht kommen will, da gilt es, dies wieder zu glauben; denn das Ich will immer wieder für *sich* leben.

Wie kostbar wäre es, wenn über vieler Leben stünde: »Nicht mehr lebe ich, sondern Christus.« Wie bete ich mit euch darum, und wie glaube ich für euch! Fehlt uns das, dann können wir wohl *leben*, aber es ist nicht das überfließende Leben aus Gott. Da können wir unseren Dienst tun, er *erscheint* auch als Dienst der Barmherzigkeit, in Wirklichkeit ist er oft nur »Fleisch«, das sich ein frommes Kleid umgelegt hat. Jede Schwester, die ihr »Ich« verteidigt, glaubt nicht an die Wahrheit dieses Wortes. Sie trägt das Bild des eigenen Ichs und nicht Jesu Bild. Doch *vor Ihm* nichts gilt als sein eigen Bild.

Wie schrecklich sind uns zuweilen »Sterbenswege«, und wenn es oft nur eine Kleinigkeit ist. Mir wird immer gruselig, wenn wir von »Sterbenswegen« reden, die meistens gar nicht solche sind, sondern nur kleine Selbstverleugnungen, Selbstverleugnungswege, wie sie auch die Welt um ihres Eigenen willen geht. Da sollten wir es immer besser lernen, daß über *unserem* Leben geschrieben steht: »Nicht mehr ich, sondern Christus.« Was wir jetzt leben im Fleisch, das leben wir *im Glauben*, oder wie ich gern praktisch sage, im Danken an den Sohn Gottes, nämlich, daß wir uns durchglauben und durchdanken.

Kannst du das? Das ist köstlich, dann wird das Leben reich. Da schaut man durch in das vollkommene Gesetz der Freiheit.

*Sterbenswege sind dazu da, daß sie gegangen werden.* Geht man Quer- oder Seitenwege, so sind es eigene Wege. Sterbenswege sind Gelegenheiten für die Herrlichkeit Gottes.

Wenn wir dem Herrn blindlings gehorchen, übernimmt er die Führung und Leitung unseres Lebens ganz und gar. Noch einmal sage ich es euch und mir:

»Es jauchzt das Herz, frohlockt der Mund,
mir ist so wohl zumut,
und fragst du nach der Freude Grund:
Es ist des Lammes Blut!«

O, daß dies in unserem Leben mehr zutage treten möchte, das Jauchzen und das Sichfreuen über unsern herrlichen Heiland!

Zusammengestellt von Arno Pagel

# Jakob Kroeker

*Geb. 31. 10. 1872 in Gnadenthal in Südrußland, einer Siedlung der Mennoniten. 1881 mit den Eltern Übersiedlung auf die Halbinsel Krim, wo das neue Mennonitendorf Spat gegründet wurde. Nach Besuch einer privaten Schule zur Ausbildung von Lehrern schon mit 19 Jahren Lehrer in einer Zweigkolonie von Spat. Vier Jahre Besuch des baptistischen Predigerseminars in Hamburg, die ersten beiden Jahre unter Begleitung seiner jungen Frau. Der erhoffte Dienst in der Äußeren Mission aus gesundheitlichen Gründen nicht möglich.*

*Darum mennonitischer Reiseprediger im Süden Rußlands. Auf den weiten Reisen Bekanntschaft mit der evangelischen, erwecklichen Bewegung unter den Russen, dem Stundismus. Übersiedlung nach Halbstadt in der Molotschna (Ukraine), einem mennonitischen Zentrum. Beginn der Schriftstellerei, Aufbau eines Verlages, Lehrerfreizeiten, Bibelkurse. Gesegnete Begegnung mit Dr. Friedrich Wilhelm Baedeker, der Kroeker Zugang zu den erweckten Kreisen des russischen Adels in Petersburg (heute: Leningrad) verschafft. 1910 Übersiedlung nach Wernigerode am Harz.*

*Im Ersten Weltkrieg missionarischer Dienst in russischen Kriegsgefangenenlagern, zusammen mit Pastor Walter Jack. Erweckungen, Bibelkurse. Nach der Rückkehr nach Rußland werden viele der im Lager bekehrten Russen Erweckungsträger in ihrer Heimat. 1920 Gründung des Missionsbundes »Licht im Osten«. Reiche literarische- und Reisetätigkeit Jakob Kroekers. Nach dem Zweiten Weltkrieg Neubegründung der Missionsarbeit in Stuttgart-Mühlhausen. Dort Kroeker gest. 12. 12. 1948.*

## Der Name hatte Gewicht, ehe ich den Mann kannte

Es ist immer bewegend, im Rückblick festzustellen, auf welche Weise Gott jene Männer und Frauen unsere Straße kreuzen läßt, die er uns zur inneren Förderung und Erkenntnis Christi und des Glaubens gesetzt hat.

Jakob Kroeker gehört zu den Männern, ohne die ich nicht das geworden wäre, was ich nach Gottes Willen sein soll. Ich habe ihn nicht gesucht, weil ich ihn nicht kannte. Was wußte ich als werdender Student vom geistlichen Aufbruch in Südrußland? Keine Ahnung hatte ich auch von einer Konferenz in Blankenburg in Thüringen, wo Christen aus Kirchen, Freikirchen und Gemeinschaftskreisen sich jährlich begegneten, um die Bruderliebe zu stärken.

Doch dann wurde Jesus der Herr und Erneurer meines Lebens. Die Begegnung mit Menschen, die bei aller Verschiedenheit das gleiche erfahren hatten, wurde die nächste große Überraschung. Daß unter ihnen diejenige war, die meine Mitbeterin und Mitstreiterin und die Mutter meiner Kinder wurde, war eine weitere beglückende Erfahrung. Als wir beide in der Heimatstadt meiner ersten Frau, in Neustrelitz, die von den meisten unserer Verwandten belächelte Gemeinschaft und ihren Leiter aufsuchten, schenkte dieser mir ein schmales Büchlein mit dem Titel »Allein mit dem Meister« von Jakob Kroeker. Er fügte noch hinzu: »Werfen Sie die kleine Schrift nicht in einen Korb mit der oft etwas flüchtig hingeschriebenen Traktatliteratur. Sie ist etwas Besonderes.«

Als wir beide die Schrift miteinander gelesen hatten, merkten wir sofort, daß jener Bruder nicht zuviel versprochen hatte. Der Name Kroeker bekam für mich ein Gewicht, ehe ich den Mann selber gesehen hatte.

Es war ein Jahr später, als der Bielefelder CVJM, dessen Sekretär ich ein knappes Jahr gewesen war, mich bat, einen Vortrag zu halten. Ich zögerte zuerst, weil ich mich in der Vorbereitung auf das erste theologische Examen befand. Deshalb war mir jede Minute kostbar. Schließlich einigten wir uns auf ein Thema, das nicht viel Vorbereitung bedurfte. Ich hatte in der »Brockensammlung« in Bethel ein paar Hefte der Orientmission von Dr. Lepsius erworben, die mir zum erstenmal Nachricht gaben von den erregenden Ereignissen und Zuständen, die durch die Erweckung in Rußland hervorgerufen waren und den Sammelnamen »Stundismus« haben. Ukrainische und russische Bauern lernten von den deutschen Siedlern die »Stunde« kennen, wie noch heute in Württemberg die Gemeinschaftsversammlungen genannt werden. Von dieser Bewegung wollte ich erzählen. Wir überlegten das Thema des Vortrags und nannten es kurz: »Licht vom Osten« – nach dem lateinischen Wort »ex oriente lux«: Vom Osten her, wo die Sonne aufgeht, kommt das Licht.

Nach dem Vortrag sagte jemand zu mir: »Wissen Sie, daß Jakob Kroeker im Begriff ist, mit Pastor Walter Jack einen Missionsbund mit ähnlichem Namen zu gründen: ›Licht dem Osten‹?« Ich war erstaunt und zugleich erfreut zu wissen, wohin die kleine Kollekte dieses Tages gesandt werden sollte.

Wieder Jakob Kroeker! Und in Wernigerode sollte er wohnen.

*Die persönliche Begegnung*

Es verging ein reichliches Jahr. Ich hatte inzwischen meine Lehrlingszeit als Vikar in einer Landgemeinde hinter mir und war, jung verheiratet, nach Halle an der Saale gezogen. Von dort aus sollte ich im Auftrag der »Deutschen Christlichen Studentenvereinigung« (DCSV) die Universitäten und Hochschulen besuchen und den Studenten den Ruf Jesu übermitteln.

Nun war ich nicht ferne vom Harz. Aus jener kleinen Kollektengabe war ein Briefwechsel mit Pastor Jack entstanden, und eine Einladung nach Wernigerode folgte. An einem nebligen Novembermorgen stiefelte ich mit meinem Köfferchen auf den Lindenberg in Wernigerode und fand die Gartenpforte zum Jackschen Hause. Ich wurde mit überraschender Wärme begrüßt und war noch nicht lange mit einer Tasse Kaffee beschäftigt, als Jack sagte: »Bruder Kroeker kommt auch gleich.« Damit hatte ich gar nicht gerechnet. Jack war als »Außenminister« der Federführende des Missionsbundes.

Aber nun saß Kroeker mir gegenüber auf der Ofenbank, und ein unvergeßliches Gespräch begann. Ich nenne es unvergeßlich, obwohl ich seinen Inhalt nicht mehr wiedergeben kann. Ich merkte nur, daß der so freundlich lächelnde Mann mit seiner unverkennbar harten Aussprache, die sich von meinem Baltendeutsch noch unterschied, mich einem kleinen Examen unterwarf. Ich muß es wohl bestanden haben. Das merkte ich nicht nur an der noch wärmeren Herzlichkeit, die von nun an unser Verhältnis bestimmte.

Ich wurde auch bald in das Komitee von »Licht im Osten«, wie die Missionsarbeit nun hieß, gewählt. Als DCSV-Sekretär hatte ich eine kleine Arbeitsgemeinschaft unter den Studenten gesammelt, die sich »Dienst für Christus unter den Studenten Rußlands« (DCSR) nannte. Wir traten in Briefwechsel mit Vertretern der Russischen Christlichen Studentenvereinigung (RCSV), die der finnische Baron Nicolai einst gegründet hatte. Einige ihrer Glieder waren im Westen, wir aber suchten auch Verbindung mit den Studenten in Sowjet-Rußland und schickten ihnen Lebensmittel, Medikamente und Briefe. Wenn auch die Verbindung, bedingt durch den Bürgerkrieg drüben, bald abriß, so war doch dieser Studentenkreis des DCSR der Auslöser für die später so bedeutsam gewordene Glaubens- und Missionskonferenz im schönen Wernigerode. Auf unsere Bitte wurde die erste Konferenz einberufen. Sie fand auf dem Lindenberg statt. Kroeker hielt eine Einführung in den Propheten Habakuk, die später in der Zeitschrift »Die Furche« erschien. Der ehemalige Senator Graf Konstantin von der Pahlen erzählte von Baron Nicolai, der sein Schwager gewesen war.

Von nun an gab es eine beglückende Verbindung mit Jakob Kroeker, dem Vorsitzenden von »Licht im Osten«, und mit Walter Jack, dem Missionsinspektor. Welch eine Welt tat sich meinem Blick auf in der russischen Erweckungsbewegung, die sich in den ersten Jahren nach der Revolution fast ungehemmt ausbreiten konnte, ehe die harte Faust Stalins sie zu vernichten drohte. Kroeker und Jack kannten die Verhältnisse drüben gut und vermittelten mir das rechte Verständnis. Die vielfältige Hilfe, die wir den Brüdern drüben zukommen ließen, und alle die Vorgänge, die uns bewegten, wurden durch den vollmächtigen Dienst Kroekers ins Licht des Wortes Gottes gestellt. Das galt auch für die Sitzungen des Komitees, zu denen ich mehrmals im Jahr nach Wernigerode reiste.

## Ein Ohr geschärft für Gottes Reden

Ich wurde Lehrer an der Theologischen Schule in Bethel. Als ich aber erkannte, daß hier meine Lebensaufgabe nicht sein könnte, erreichte mich der Ruf Kroekers, ganz in den Dienst von »Licht im Osten« zu treten. In den Osterferien 1922 fuhren wir mit unserem sechs Wochen alten ersten Kind nach Wernigerode. Ich sollte einige Wochen vertretungsweise an der Bibelschule unterrichten. Aber ich konnte mich nicht entschließen, dauernd in der Arbeit zu bleiben, da meiner gesundheitlich gefährdeten Frau die ganzen Umstände zu fremd waren. Wie dankbar war ich den Brüdern, daß sie die Gründe meiner Absage verstanden! Unsere Gemeinschaft wurde dadurch nur fester. Das Haus Kroeker blieb meiner Frau und mir zu unser beider Freude eng verbunden.

Höhepunkte waren stets die Glaubens- und Missionskonferenzen Anfang Juli in Wernigerode. Eine große Anzahl von Teilnehmern füllten dann täglich das Nöschenroder Schützenhaus. Zahlreiche Sommergäste der »bunten Stadt am Harz« beteiligten sich. Viele Ausländer waren von Anfang an dabei, besonders Schweden und

Holländer. In der Mitte der Konferenz standen die Bibelvorträge Kroekers. Er hatte eine besondere Gabe, biblische Themen aufzustellen und Redner zu gewinnen, die ihm im gleichen Geiste zur Seite standen, etwa Hanns Lilje, Propst Rudger Mumssen, Professor Heinrich Rendtorff, den späteren Bischof, und andere. Immer traf man hier auch Glieder der östlichen Erweckungsbewegung: Prochanow, den Organisator, Theologen und Dichter, Professor Marzinkowski, den Nachfolger Nicolais in der Führung der russischen christlichen Studenten, Fetler, den unermüdlichen Evangelisten, Fürstin Sophie Lieven, die treue Zeugin ihres Herrn, und viele andere.

Es war das Besondere dieser Konferenzen, daß über die Missionsarbeit nicht ohne Beziehung zum Worte Gottes gesprochen wurde und daß dieses nicht verkündet wurde ohne Zuwendung zum Dienst der Gemeinde. Diese Verbundenheit wird leider oft vergessen.

Wer Kroekers theologische Bibliothek besichtigte, war überrascht über die Weite seiner Forschung und seines Blickes. Neben den alten Biblizisten sah man die Vertreter der religionsgeschichtlichen Schule. Neben Darbys Bibelauslegungen – die rabbinischen Kommentare und Lexika! Er war ein unermüdlicher geistiger Arbeiter. In den Jahren, wo er während des Ersten Weltkrieges als »russischer Staatsangehöriger« unter Polizeiaufsicht gestellt und am Reisen gehindert war, benutzte er die erzwungene, aber zutiefst von Gott empfangene Ruhe zu eifrigem Studium, besonders auch zur Erlernung der hebräischen Sprache. Später durfte er in Berlin Vorlesungen hören und saß interessiert im Seminar von Professor Adolf Deißmann.

Oben im höchsten Stock seines Hauses auf dem Lindenberg hatte Kroeker sich ein Prophetenstübchen ausbauen lassen, wo er ungestört seinen Studien oblag und seine Bücher schrieb. Bei klarem Wetter fiel sein Blick auf den Brocken, den sagenumgebenen Gipfel des schönen Harzes. Hier entstanden seine einzigartigen Auslegungen zum Alten Testament. Er nannte das Werk »Das lebendige Wort«. Worum es ihm ging, war nicht eine Lehre über die Bibel, auch nicht Lehrsätze aus der Bibel, sondern Gottes Rede zu uns durch die Bibel. Prophetische Durchblicke, tiefgründige Erkenntnisse und Analogien für die Gegenwart machen die Bände so wertvoll. Ein führender Mann der evangelischen Kirche in Deutschland sagte einmal: »Bei Kroeker habe ich das Alte Testament lesen gelernt.«

Dazu kamen Kroekers kleine Heiligungsschriften voll seelsorgerlicher Weisheit. Die christliche Literatur in der deutschen Sprache ist nicht reich an dieser sogenannten »asketischen Literatur«. Neben dem schon genannten »Allein mit dem Meister«, einer Auslegung der Verklärungsgeschichte, entstanden die Bücher »Der verborgene Umgang mit Gott«, »Verhüllte Segenswege« und andere.

Als junger Lehrer in Südrußland begegnete Jakob Kroeker Dr. Baedeker, dem bekannten Freund der Strafgefangenen Sibiriens. An der schlichten, tiefen Gläubigkeit dieses Patriarchen hat sich das Ohr Kroekers geschärft für Gottes Reden mit uns.

## Heilung vom Leerlauf

Die vielseitige und theologisch gründliche Ausbildung, die Kroeker sich angeeignet hatte, öffnete ihm bald die Tür nicht nur zu den freikirchlichen und den landeskirchlichen Gemeinschaften. Begegnungen mit Karl Barth, Professor Rudolf Otto, Marburg, und andern akademischen Lehrern erschlossen ihm neue Erkenntnisse. Er wurde oft zu Pfarrerfreizeiten gerufen und wurde manchem Pastor ein Seelsorger und Berater. Bei all dieser Weite blieb er treues Glied seiner mennonitischen Freikirche. Er vermied allen Streit, auch den theologischen. Er nahm die Friedensliebe seiner mennonitischen Väter ernst. Darum litt er mehr als viele andere am Nationalsozialismus. Seine Friedensliebe galt selbst den Tieren gegenüber. Man muß es gesehen haben, wenn er abends seine Hühner in den Stall trieb. Das sah aus, als wollte er höflich sagen: »Bitte, meine Damen, wollen Sie die Güte haben, jetzt in Ihren Stall zu gehen!« Als ich ihn einmal warnte vor der Angriffslust der Wespen, die vor seinem Fenster ihr kunstvolles Nest gebaut hatten, sagte er schelmisch lächelnd: »Sie tun mir nichts, sie wissen ja, daß ich Mennonit bin.«

Kroeker hatte einen natürlichen Humor bei all seiner geistlichen Ausrüstung. Das galt auch für sein Familienleben. Ohne sein »Mutterchen«, wie er seine Frau nannte, war er nicht zu denken. Er hatte seine Jugendgespielin geheiratet, die wie er im Jugendalter in der Heimatgemeinde auf der Krim erweckt worden war. Sie wurde die Mutter seiner zehn Kinder. Auch der Kinderreichtum war ein mennonitisches Erbe. Da hielt man Kinderreichtum noch für einen Segen Gottes. Das eigene reiche Familienleben ließ ihn auch warm am Leben der befreundeten Häuser teilnehmen. Was war das für eine Freude, wenn Jakob Kroeker uns in unserer Lichtenrader

Wohnung am Waldesrand in Berlin besuchte! Seine Liebe zu Kindern wurde dann offenbar.

Kroekers Bedeutung erschöpfte sich nicht in seinen theologischen Werken. Wer die Entwicklung unserer Kirche, der Mission, der Diakonie und weithin auch der freien Werke beobachtet, erkennt bald einen Sog zur Verweltlichung. Werke persönlichen Glaubens und dienender Liebe werden im Laufe der Jahre zu »Institutionen«. Es klappt alles vorzüglich. Es ist alles gut durchorganisiert. Spezialisten stehen auf jedem Posten. Alles ist zeitgemäß ausgerichtet. Eine ungeheure Arbeit wird getan. Aber oft fragt man verzagt: Wo ist Gott und das Fragen nach seinem Willen in all dieser Geschäftigkeit der Sitzungen, Tagungen und Kongresse? Statuten und Apparaturen regieren. Hat Gottes Geist noch einen Einfluß? Wie schon oben gesagt wurde, hat Kroeker auf seinen Missionskonferenzen größten Wert darauf gelegt, daß die missionierende Gemeinde im Worte Gottes wurzelt. Erfolge sind noch nicht ein Zeichen des Segens Gottes. Wo das vergessen wird, da werden Missionsinspektoren zu Bürochefs, Pfarrer zu Funktionären, Bischöfe zu »Kirchenführern«.

Kroeker wußte von dieser Gefahr, und wer ihm folgte, war gewarnt. Auch heute noch kann das Hören auf die Stimme dieses Gottesmannes manchen Leerlauf des kirchlichen Lebens heilen. Es geht um die Rückkehr zum Wort, um den lebendigen Umgang mit Gott, um die Stille vor ihm und die Bereitschaft, sich von ihm den Weg zeigen zu lassen.

Die Begegnung mit Jakob Kroeker hat mir reichen Gewinn gebracht.

Hans Brandenburg

## Einige Aussprüche und ein Gedicht von Jakob Kroeker

Abschließend geben wir Jakob Kroeker, diesem gesegneten, prophetischen Zeugen, noch kurz selber das Wort:

### *Von Krippe, Kreuz und Thron*

»Selig jene kleine Schar, die auch in unseren Tagen von Gott erleuchtete Augen hat und mitten in den Ereignissen der Zeit das große Werden und Wachsen des Reiches Gottes sieht, die immer als Kind erscheint, am Kreuz gerichtet wird und doch berufen ist, zum Heil der Welt die Krone zu tragen! Denn noch immer beginnt die

Fleischwerdung des Wortes Gottes in der Krippe und nicht auf Thronen und Kathedern. Jeder Anfang des Reiches Gottes erscheint in Knechtsgestalt und nicht in königlicher Macht und menschlicher Weisheit . . .«

»Die Welt in ihrer Macht glaubt, durch das Kreuz den Dienst der Wahrheit aufheben oder einschränken zu können. Daher verkauft sie den Joseph nach Ägypten, verklagt sie den Daniel beim Hof, wirft sie nach dem David mit dem Speer, speist sie einen Jeremia mit Wasser und Tränenbrot, verbrennt sie einen Hus auf dem Scheiterhaufen, bereitet sie den Hugenotten eine Bluthochzeit und verschickt sie ihre Bürger nach Sibirien und Sachalin.

Allein auf diesen Leidenswegen ist den Auserwählten weder der Dienst noch der Einfluß genommen worden. Sie sind vielmehr durch diese bevollmächtigt worden für weitere und höhere Dienste. Durch Sterben werden sie unsterblich, sie siegen durch Unterliegen . . .«

»Allein wer durchs Kreuz gerichtet ist, darf das Gericht des Thrones nicht scheuen. Wer in dem gekreuzigten Lamm seinen Retter gefunden, darf in dem gekrönten Lamm nicht seinen Richter fürchten.

Wer vor der Krippe mit Anbetung kniete und unter dem Kreuz sein verlorenes Leben ordnete, wird auch beim Sichtbarwerden der Krone mit Freuden das Haupt erheben, weil die Stunde seiner Erlösung geschlagen hat. Es werden alsdann mit ihm herrschen, die hier mit ihm gelitten haben. Die königlichen Dienste der Auserwählten Gottes in ihrer Vollkraft liegen vornehmlich in den kommenden Zeitaltern. Räumt man ihnen heute gelegentlich auch manchmal Einfluß im politischen, bürgerlichen und kirchlichen Leben ein, sie bleiben zuletzt doch immer nur die Geduldeten, priesterliche Diener in der Schmach des Kreuzes.«

*Heiliges Ringen*

Das Größte kann vollbringen, wer auf den Knien ringt,
wer auch in Nacht und Kerker noch Dankespsalmen singt.
Er weiß, daß Gottes Wege nie enden in der Nacht
und daß nach Sturm und Wetter die Frühlingssonne lacht.

Und will ihn fast erdrücken so manche Last und Not,
auf seinen Knien findet er Trost bei seinem Gott.
Hier hört er Quellen rauschen von ewig junger Kraft,
hier sieht er Gott am Werke, der ewig Neues schafft.

Daher mit neuem Hoffen füllt hier sich seine Brust,
er wird sich seines Dienstes wie nie zuvor bewußt.
Mit klarem Blick und Ziele läßt er sein Kämmerlein:
Er hat mit Gott geredet! Sein Dienst wird Segen sein.

# Ernst Buddeberg

*Geb. 11. 9. 1873 in Köln. Theologie-studium in Bonn, Halle und Berlin als Schüler von Martin Kähler und Adolf Schlatter. Vikar in Neukirchen, Kr. Moers. Theol. Lehrer am Johanneum in Wuppertal-Barmen. 1901 Pfarrer der ref. Gemeinde Heiligenhaus bei Velbert. 1908–1914 Inspektor der Evang. Gesellschaft für Deutschland. 1914–1934 Pfarrer an der luth. Christuskirche in Wuppertal-Elberfeld. Dann – schon als Ruheständler – Berufung in die Leitung der Liebenzeller Mission. Gest. 9. 1. 1949.*

## Der alte und der neue Steuermann

Der Gründer und Leiter der Liebenzeller Mission, Pfarrer Heinrich Coerper, hatte am 3. März 1933 seinen 70. Geburtstag gefeiert. Ein ungeheures Maß an Arbeit lag seit langem auf ihm. An eine ausreichende Erholungszeit hatte er seit Jahren nicht denken können. So war es nicht verwunderlich, daß ihn seit einiger Zeit gelegentliche Schwindelanfälle plagten. Er deutete sie nüchtern als Zeichen eines nahen körperlichen Zusammenbruchs. Was ihn aber mehr beunruhigte, war die Frage, wer das Werk weiterführen sollte. Er hatte sie nicht etwa unbedacht gelassen, aber es war ihm nicht gelungen, einen Nachfolger aus den eigenen Reihen heranzuziehen. Er selbst erkannte darin Gottes Hand.

Im Oktober 1933 reiste Coerper zu einer Missionskonferenz nach Wuppertal-Barmen. Bei dieser Gelegenheit besuchte er Verwandte und bemühte sich auch, jemanden zu finden, der in den zu erwartenden Riß in Liebenzell treten könnte. Alles Fragen und Suchen war vergeblich. Schließlich wandte er sich an Pastor Ernst Buddeberg, der sich mit seinen bald 60 Jahren vor dem Übertritt in den Ruhestand befand. Buddeberg war durch die Frage Coerpers völlig überrascht: »Willst du nicht nach Liebenzell kommen?« Er sagte später, es sei ihm gewesen, wie wenn er eine Stimme gehört hätte: »Komm herüber und hilf uns!« Er habe folgen müssen, ohne sich mit »Fleisch und Blut« zu befragen. Es war die Offenbarung der Hand Gottes.

Pfarrer Coerper war daran gelegen, daß Buddeberg auf dem »Missionsberg« in Liebenzell rasch bekannt würde. Dieser kam und hielt am Sonntag, dem 12. November 1933, zwei Andachten. Am folgenden Montag sprach er wiederum zweimal, und zwar vor dem Vorstand der Mission und andern maßgeblichen Leuten. Nach der einstimmigen Meinung aller Zuhörer verkündigte er eine klare biblische Botschaft. So wurde er alsbald als Mitarbeiter berufen. Er meinte aber, daß es sich wohl nur um ein Provisorium handele, gegebenenfalls für längere Zeit. Auch andere dachten so.

Aber es kam anders. Am Mittwoch, dem 27. Dezember 1933, erlitt Coerper einen Schlaganfall, von dem er sich zwar etwas erholte, doch nicht so, daß er die Leitung der Liebenzeller Mission noch einmal hätte übernehmen können. Das Steuer entsank seiner Hand. Aber am 1. Januar 1934 war sein neuer Mitarbeiter zur Stelle und trat für ihn an das Steuer – früher, als er es vorgehabt hatte. Der Herr ließ seinen Knecht Heinrich Coerper nicht im Stich, sondern half ihm und dem Werk in der Stunde der größten Verlegenheit aus.

## Ein »Altpietist« wächst in ein Werk des »Neupietismus« hinein

Als Ernst Buddeberg nach Liebenzell kam, war er in den Kreisen des rheinischen Pietismus zwar bekannt, aber nicht in Süddeutschland und in den schwäbischen Missionskreisen. Zurückblickend muß gesagt werden, daß ihn Gott gebraucht hat als »geistliche Blutauffrischung« für Liebenzell, und zwar eigenartigerweise genau für die 12 Jahre Dauer des »tausendjährigen« Dritten Reiches. Gott hat ihn in dem großen Missionswerk, zu dem er sich klar gerufen wußte, bestätigt, sowohl organisatorisch wie auch geistlich im Hinblick auf die Glaubenslinien des »Deutschen Zweiges der China-Inland-Mission«, wie sich die Liebenzeller Mission in ihren Anfängen nannte.

Buddeberg war ein bevollmächtigter »Pastor«, ein Hirte, dem die Aufgabe übertragen war, das Missionsschiff durch die Wellen, Wirrnisse und politischen Schwierigkeiten des Dritten Reiches hindurchzuleiten. Wie vielen Nöten und Schwierigkeiten waren die Reichgotteswerke in Deutschland seit 1933 vielfach ausgesetzt! Gott gab seinem Knecht Gnade und Weisheit. Zwar wurden einige größere und nur zur Massenunterbringung geeignete Häuser auf dem Missionsberg für Umsiedlungs- und Kriegszwecke vor dem und im Zweiten Weltkrieg beschlagnahmt. Aber sonst gab es keine größeren Behinderungen in der Arbeit, und es kam weder zu Verboten noch gar zur Auflösung des Werkes durch die nationalsozialistischen Machthaber.

Wie war Buddeberg geistlich geprägt? Heinrich Coerper, der Gründer und langjährige Leiter des Liebenzeller Werkes, war ein »Neupietist« mit starker Betonung des erwecklichen Zeugnisses und der Heiligung. Sein Nachfolger war ein »Altpietist«, der stärker die »objektiven« Grundlagen des Heils betonte und gern den großen Heilsplänen Gottes in der Schrift nachforschte. Aber Buddeberg hat sich mit Erfolg gemüht, in das im November 1899 gegründete Werk hineinzuwachsen und seine bisherige Entwicklung und Struktur zu verstehen. Freilich unterlag auch er in etwa dem Gesetz des »neuen Besens«, doch nicht in einem Maß, das zu ernsthaften Zerwürfnissen geführt hätte.

Eine besondere Gabe brachte er mit, die Coerper nicht besessen hatte: Er war ein formgewandter und gedankenreicher Schriftsteller. Davon zeugen noch heute lesbare Biographien über Pastor Jakob Gerhard Engels und das Brüderpaar Fritz und Heinrich Coerper. Dazu traten zahlreiche Schriften und Abhandlungen, die z. T. hohe Auflagen erlebten und evangelischen Christen zur Vertiefung ihres Glaubenslebens Handreichung taten. Hier ist besonders zu nennen der »Wegweiser durch die Heilige Schrift«, der »Gang durch die Bibel in zwei Jahren« und »Ich weiß, an wen ich glaube«, eine kurze Glaubenslehre für junge Christen, die aber auch Erwachsene durchaus mit Gewinn lesen.

*Missionsmann, Gemeinschaftsmann, Seelsorger*

Wenn wir sagten, Buddeberg gab sich Mühe, in das Werk hineinzuwachsen, so geschah genaugenommen eigentlich etwas anderes: Das Werk formte ihn zum Missionsmann. Im Laufe seiner zwölf Dienstjahre hat er in ungezählten Briefen und Rundschreiben Heimat und Missionsfelder draußen zu verbinden gesucht. Die Geschwister und Freunde in der Heimat hat er unermüdlich aufgefordert, für die »Schnitter« draußen und für die Heidenchristen in der Fürbitte nicht nachzulassen.

Als am Ostersonntag 1946 der große Saal, der lange Jahre zweckentfremdet benutzt worden war, wieder eingeweiht und damit das ganze Missionshaus seinem ursprünglichen Zweck zurückgegeben wurde, schickte Buddeberg den Versammelten vom Krankenbett ein Grußwort, in dem er fragte: »Hat die deutsche Mission noch eine Zukunft?« Er bejahte diese Frage und schloß seine Botschaft mit den Worten, die schon in der Urkunde der Grundsteinlegung enthalten sind: »Möge das Haus ferner stets eine Stätte sein, wo unter der Zucht des Heiligen Geistes Friedensboten ausgebildet werden, die imstande sind, die gute Botschaft ihres himmlischen Herrn in Kraft hinauszutragen zu vielen, besonders zu den Millionen Chinas.«

Ernst Buddeberg war auch ein Gemeinschaftsmann. Wo er von den Gemeinschaften zum Dienst gerufen wurde, und das war oft der Fall, tat er ihn mit einer von der Liebe getragenen Freudigkeit. In den Anfang seiner Tätigkeit auf dem Missionsberg fiel die Gründung des »Liebenzeller Gemeinschaftsverbandes« und die Trennung von der »Süddeutschen Vereinigung für Evangelisation und Gemeinschaftspflege«. Beim Aufbau des neuen Verbandes traten seine organisatorischen Fähigkeiten in bemerkenswerter Weise zutage. Sein Mund fand Worte der Bruderliebe, die dem Frieden zwischen allen beteiligten Gemeinschaftskreisen dienten. »Nicht gegeneinander, sondern miteinander«, war seine Losung.

Schließlich muß noch betont werden: Von seinem Vorgänger her waren viele Freunde der Mission und auch andere Leute gewohnt, sich in seelsorgerlichen und sonstigen Fragen an die Missionsleitung zu wenden. Buddeberg hatte eine andere Art als Coerper. Es war ihm z. B. nicht gegeben, mit jedem Besucher so zu beten, wie es dieser getan hatte. Dafür hatte er die »Gabe des Trostes«, er konnte trösten »wie einen seine Mutter tröstet«. Wenn er sagte oder schrieb: »Ihr Brief hat mir das Herz tief bewegt«, so glaubte man ihm das. Wenn er schrieb: »Ich gedenke Ihres Anliegens« oder »Ich bete für Sie«, so wußte man, daß das keine leeren Worte waren. Er konnte auf eine Frage hin schreiben: »Wer frömmer sein will als Gottes Wort, der verfällt nach dem Zeugnis der Schrift den verführerischen Geistern und Lehren der Teufel.« Das glaubte man ihm auch.

Im Zweiten Weltkrieg konnte Buddeberg seine Gabe des Tröstens in großem Umfang betätigen. Wenn die Mitteilungen von der Front kamen, daß so viele junge und hoffnungsvolle Männer gefallen waren, dann war Buddebergs mündlicher und schriftlicher Zuspruch vielen Angehörigen eine große Hilfe. Da ihn selber das große Leid nicht verschonte – einer seiner Söhne fiel zu Beginn des Rußlandfeldzugs –, konnte er andere in ihrem Leid verstehen.

Die Liebenzeller Mission denkt dankbar an Ernst Buddeberg zurück.

Es soll noch ein wichtiger Dienst erwähnt werden, den Buddeberg einmal lange vor seiner Liebenzeller Zeit der ganzen deutschen Gemeinschaftsbewegung getan hat. Als auf einer der bekannten »Gnadauer Konferenzen«, im Jahre 1909, das Thema »Schwärmerei« zur Debatte stand, hat Buddeberg ein Referat gehalten, dessen Leitsätze von dem Geschichtsschreiber Gnadaus, Alfred Roth, »unvergänglich« genannt worden sind. Diese Leitsätze seien hier wiedergegeben:

»Die Wurzel der Schwärmerei liegt: a) in dem mangelnden Wahrheitssinn, b) in dem Hochfahren des menschlichen Geistes.

Die Schwärmerei fängt da an, wo der Mensch die Gesetze überfliegt, die Gott für seinen Verkehr mit den Menschen ein für allemal gegeben hat.

Gott hat uns an die Schöpfung und ihre Ordnung gewiesen. Die Schwärmerei will alles ›Kreatürliche‹ hinter sich lassen und nur ›Geist‹ sein.

Gott stellt seinen Verkehr mit uns Sündern auf den Grund der rechtfertigenden Gnade. Die Schwärmerei läßt die Rechtfertigung als eine Anfangsstufe des Glaubens hinter sich.

Gott stellt seinen Verkehr mit uns Sündern auf die Furcht des Herrn. Die Schwärmerei überspringt in falscher Vertraulichkeit diese heiligen Grenzen.

Gott tut uns seinen Willen vornehmlich kund durch sein Wort, durch die Lebensführung und durch erfahrene Christen. Die Schwärmerei will nur unmittelbar vom Geist geleitet werden.

Gott stellt seinen Verkehr mit uns auf den Glauben und nicht auf das Schauen. Die Schwärmerei möchte aus der Glaubensbahn heraustreten und Gesichte und Erscheinungen haben.

Die Schwärmer haben etwas, was uns in verborgener Sympathie mit ihnen verbindet. Es sind idealistische Träumer gewesen, die auf das Allerhöchste gerichtet waren und oft gegenüber der zeitweiligen Versteinerung und Hoffnungslosigkeit der Kirche einen Flug in himmlische Höhen wagten. Es war ein Ikarusflug. Da sie der Sonne zu nahe kamen, aber nicht der Sonne des Heils, sondern ihrer Träume, schmolzen ihnen die Flügel, und sie stürzten ab. Aber weil sie ihrer Zeit gegenüber den Glauben an die höchsten Ziele des

Christentums festhielten und diese Ziele nahe glaubten und für die Verwirklichung der Ziele ihr Leben einsetzten, darum haben sie zu allen Zeiten Freunde und Fürsprecher gehabt. Aber diese kannten die Schwärmer nur von ferne und nicht aus der Nähe.

Was Christum treibt, das sei uns Geist von oben. Was aber von Christus abzieht, das sei uns Geist von unten. Und nicht der Geist der Schwärmerei, sondern der Geist Jesu Christi allein hat die Verheißung des endlichen Sieges.«

## Das Kreuz – der feste Grund der Heilsgewißheit

Ernst Buddeberg hat ein wertvolles Heft geschrieben über die »Heilsgewißheit, die Krone des evangelischen Glaubens«. Vielleicht ist es die »Krone« seiner Schriftstellerei. Daraus sei noch ein Abschnitt wiedergegeben:

»›Es ist vollbracht!‹ Die Erlösung ist nicht etwas Zukünftiges, sondern eine vollendete Tatsache. Diese habe ich mit gläubigem Herzen anzunehmen, trotz all meiner Unfertigkeit und meines mangelhaften Vollbringens. Wage es, auf den Boden der vollendeten Erlösung zu treten!

Was das heißt, mag ein Zug aus den Leben Adolf Monods, des großen und gesegneten Zeugen des Herrn in Frankreich, erläutern. Man legte ihm einst die Frage vor: ›Wie sind Sie eigentlich dazu gekommen, Ihres Herrn so gewiß zu werden und ihn in solcher Kraft zu bezeugen?‹ Da antwortete er etwa folgendes: ›Ich war längst Pastor, rechtgläubig, aber ich fühlte, daß mir etwas fehlte. Wenn ich in der Apostelgeschichte von dem Zeugengeist und der sieghaften Kraft der Apostel las und mich damit verglich, so schämte ich mich und wußte nicht, woran es fehlte. Da saß ich wieder einmal an meinem Schreibtisch und dachte: Woran liegt es, warum kommst du nicht durch? Liegt es an dem Herrn, hält seine Liebe dir nicht stand, ist seine Verheißung nicht mehr wahr, oder ist er anders geworden? – Nein, es kann nur an mir liegen? Aber woran?‹

Dann erkannte er folgendes: ›Ich hatte schon vieltausendmal den Herrn gebeten: Nimm mich doch hin, mach mich völlig zu deinem Eigentum! Aber ich kam nicht vorwärts. Jetzt tat ich etwas anderes. Ich ließ es mir noch einmal durch die Seele hindurchziehen, daß der Herr gesagt hat: Wer zu mir kommt, den werde ich nicht hinausstoßen. – Ihr seid teuer erkauft, darum preiset Gott an eurem Leibe und in eurem Geiste, welche sind Gottes. – Ich sah, er hat es durch das, was er am Kreuz getan hat, bewiesen, daß er mich zu seinem

Eigentum haben will. Er hat mich erkauft, er betrachtet mich ja längst als sein Eigentum. – Da fiel ich auf meine Knie, und in der nüchternsten Weise, ohne jeden Gefühlsaufschwung, aber mit klarem Bewußtsein dessen, was ich tat, sagte ich nicht wie so oft: Herr, ich w i l l dein sein, sondern ich sagte: Herr, ich b i n dein. Damit stellte ich eine Tatsache fest, mit der ich fortan rechnete.‹ – Das war der Anfang von Monods Leben und Wirken in der Kraft: er glaubte an die Gnade, die vorhanden war.

So ist das Kreuz Christi der feste, unerschütterliche Grund unserer Heilsgewißheit. Denn da tritt uns eine so g e w i s s e Gnade entgegen, die kein Teufel mehr bekritteln und kein Gewissen mehr anzweifeln kann. Der Glaube nimmt dieses Allergewisseste hin und macht es zu seinem Besitz. Denn der Glaube ist ja nicht ein Tasten oder Versuchen, sondern, wie Luther sagt, ›das verwegene Vertrauen‹ auf Christus, der gewisse Griff nach Gottes Gnadenschätzen in ihm. Ergreife im Glauben deinen Heiland, und du bist deines Heils gewiß. Wir sehen: die Heilsgewißheit kommt nicht zum Glauben hinzu als etwas, was ihn nachher bekräftigt sondern sie wird vielmehr mit dem Glauben geboren. Sie ist sein Kennzeichen.«

Wilhelm Steinhilber

# Paul Wißwede

*Geb. 24. 1. 1880 in Pries/Holstein. Diplomgärtner. 1904 vollzeitlicher Mitarbeiter in der Mission für Süd-Ost-Europa (SOE). Nach dem Ersten Weltkrieg im Schlesischen Gemein-schaftsverband als Prediger und spä-ter Geschäftsführer. 1938 Leiter der Mission für SOE. 1946 Neubeginn der Missionsarbeit im Siegerland. Gest. 11. 12. 1963.*

## Von Holstein nach Rußland

Ein vom Evangelium geprägter, dynamischer Missionsmann: das war Paul Wißwede im Urteil und nach der Erfahrung der vielen, die ihn persönlich kannten und die ihm nahestanden.

Zum lebendigen Glauben kam er im CVJM Berlin-Wilhelmstraße durch das Christuszeugnis des bekannten Forstmeisters von Rothkirch. Von diesem, sein ganzes Leben verändernden und bestimmenden Erlebnis bekundete er: »Ich ahnte damals nicht, in welchen Strom der Gnade Gottes und in welche gesegnete Gemeinschaft ich durch die Hingabe meines Lebens an Jesus Christus gestellt würde.« Fortan hatte er jene Prägung, die Weggefährten in die Worte faßten: »Die Gemeinschaft am Evangelium achtete Paul Wißwede über alles. – Seine Fußspuren wiesen immer klar in eine Richtung, auf den Herrn Jesus Christus hin. – Was er war, war er stets ganz. – Eine tiefe Jesusliebe schlug sich bei ihm in einer nie ermüdenden, missionarischen Liebe nieder.«

Sein Wunsch, Theologie zu studieren, um danach als Verkündiger und Seelsorger den Menschen zu dienen, wurde durch seine damals schwache Gesundheit verhindert. Dennoch wurde er ein »Theologe« von außergewöhnlichem Format.

Mit Freuden bereitete er sich zunächst auf seinen Beruf als Diplomgärtner vor. 1903 gehörte er bereits zu den Mitbegründern der Mission für Süd-Ost-Europa (SOE), die in den heutigen Gebieten von Rußland, Polen, Ungarn, Rumänien, Bulgarien, Jugoslawien und der Tschechoslowakei das Evangelium ausbreiten helfen wollte. Ein Jahr später erreichte den damals 24jährigen in Italien die Berufung zur vollzeitlichen Mitarbeit, die in den folgenden fast sechs Jahrzehnten sein eigentliches Lebenswerk war. Von diesem Ruf sagte er: »Ich verließ in Erkenntnis, daß es sich um eine göttliche Weisung handelte, meinen sehr schönen Arbeitsplatz bei Florenz und fuhr nach Kattowitz in Oberschlesien, dem damaligen Sitz der Mission.« Man bestimmte ihn für die erst in den Anfängen stehende Gemeinschaftsarbeit in Russisch-Polen.

Mehrere Revolutionswellen verzögerten zunächst den geplanten Dienstbeginn. Martin Urban, von 1904–1938 Leiter der Mission für SOE, berichtet: »Ich begleitete Br. Wißwede nach Lodz/Rußland. Überall Kriegszustand und Schreckensherrschaft. Oft mußten wir uns abends heimflüchten. Ständig war Gefahr, von Kosaken-Banden verprügelt oder gar erschossen zu werden. Nichts hat ihm aber das freudige Vertrauen auf den Sieg des Reiches Gottes genommen.« Er selbst bezeugte in jener Zeit: »Herr Jesus, ich bin einverstanden mit allem, was du tust. Rußland für Jesus! – Glücklich jeder, der dir hier dienen darf!«

## Mancherlei Arbeitsfelder

In den Jahren 1904 bis 1908 fand Paul Wißwede ein reiches Betätigungsfeld als Lehrer am Missionsseminar, bei vielen Missionsreisen durch die Länder des Ostens und nicht zuletzt als Pionier der Gemeinschaftsarbeit im weiten Russisch-Polen. Über jene Zeit schreibt er: »Das Verlangen nach Bekehrung und Heilsgewißheit brach manchmal so mächtig durch, daß für die Einzelseelsorge oder die Zusammenkünfte der Heilsuchenden die Stuben nicht mehr ausreichten. Oft mußten die Scheunen herhalten, in denen Menschen den Herrn Jesus anriefen und nicht eher ruhten, als bis sie als bewußte Kinder Gottes den Heimweg antreten konnten.«

Es hat Gott gefallen, Paul Wißwede als Werkzeug seines Friedens schon damals mächtig zu gebrauchen. Allezeit, bis ins hohe Alter, war seine Verkündigung schriftgebunden, biblisch zentral, schlicht und lebensnah. Sein Zeugnis war stets ein zur Entscheidung rufendes Wort. Es war seine Eigenart, Menschen bereits in der ersten Begegnung vor die Entscheidung für Christus zu stellen. Für ihn stand unerschütterlich fest, daß Gottes Wort nie leer zurückkommt, und so erwartete er vom Herrn, daß unter seiner Verkündigung Menschen errettet würden. Gott ließ seinen Knecht hierin nicht zuschanden werden.

Im Jahre 1908 führte der Weg Paul Wißwedes als Reisesekretär und Mitarbeiter in der Missionsleitung nach Kattowitz in Oberschlesien. Bis zum Kriegsausbruch 1914 durchzog er jährlich mindestens drei Monate Rußland, um unter Lutheranern, Evangeliumschristen und Mennoniten, sowie in den Gemeinschaftsversammlungen der Bessarabier bevollmächtigt das Wort Gottes zu verkündigen. Ein Bruder sagte einmal treffend: »Bruder Wißwede verkörperte ein wesentliches Stück Reichgottesgeschichte mit den Völkern des Ostens.«

In den Jahren 1915 bis 1918 stand er als Offizier im Kriegsdienst. Trotz dreimaliger schwerer Verwundung durfte er gesund zu den Seinen zurückkehren. Die politischen Verhältnisse nach Kriegsende hielten die Türen nach Osteuropa zunächst verschlossen. So folgte er einem Ruf als Prediger in den Schlesischen Gemeinschaftsverband. Sein erstes Arbeitsfeld wurde Hirschberg im Riesengebirge, bis er 1925 nach Glogau weiterzog. Gleichzeitig übertrug man ihm die Geschäftsführung des Schlesischen Gemeinschaftsverbandes. Diese weitläufige Aufgabe und seine aktive Mitarbeit im Deutschen Verband der Jugendbünde für entschiedenes Christentum (EC) machten 1932 den Umzug nach der damaligen Landeshauptstadt Breslau notwenig.

In diese Zeit fiel Wißwedes Wahl zum Vorsitzenden der Reichgottesarbeiter-Vereinigung (RGAV), die er fast zweieinhalb Jahrzehnte in großer Liebe und Weisheit leitete. Ein Bruder aus der RGAV soll hier zu Wort kommen: »Dieser bewährte Knecht Gottes, dessen Lauterkeit, Glaubensfestigkeit und Zielklarheit sich mit Weisheit und Einfühlungsvermögen paarten, war in unserer Mitte ein Bruder mit besonderer Begnadung. Wer mit ihm zusammenkam, wurde von einem göttlichen Segensstrom erfaßt.« Viele Brüder vertrauten sich mit ihren Fragen, Sorgen und Nöten Paul Wißwede als Seelsorger an. Einige Stimmen sollen uns dies deutlich machen: »Sein abgewogenes geistliches Urteil war uns in manch schwieriger Situation (Zeit des Nationalsozialismus) sehr wertvoll. – Seine besondere Fürsorge galt allen Brüdern mit ihren Familien, die im vollzeitlichen Dienst standen. – Ich durfte in der Seelsorge seine Warmherzigkeit und Güte erfahren. – Mit mir haben in der RGAV viele Brüder ihn als einen begnadeten Seelsorger erlebt. – Im seelsorgerlichen Gespräch wurde immer wieder tiefes Mitempfinden offenbar. – Er führte stets in die helfende Gegenwart Jesu.«

Der Mission für Süd-Ost-Europa blieb Bruder Wißwede trotz seiner vielen anderen Aufgaben stets mit besonderer Liebe verbunden. So war es nicht verwunderlich, daß der Missionsvorstand nach dem Rücktritt des ersten Missionsleiters, Inspektor Martin Urban, an ihn mit der Bitte herantrat, jetzt die Leitung des sich immer mehr ausdehnenden und inzwischen weit verzweigten Werkes zu übernehmen. Hierüber gibt es eine von ihm stammende charakteristische Aufzeichnung: »Das Jasagen zu dieser Berufung war nicht einfach, und das Abschiednehmen von der liebgewordenen Gemeinschafts- und EC-Arbeit fiel noch schwerer. Aber meine Frau und ich hielten uns an die Weisung des Herrn, daß diejenigen, die ihre Hand an den Pflug gelegt haben, nicht zurückschauen dürfen, wenn sie eine große Furche ziehen wollen. So zogen wir denn – schon im Schatten der kommenden Weltkatastrophe, aber dennoch gewiß der eindeutigen Führung Jesu unsern Weg hinauf auf die Höhe des Glatzer Berglandes ins Missionshaus nach Bukowine/Tannhübel. Die folgenden Jahre im Kreis vieler junger Menschen, die sich zum Dienst am Evangelium zurüsten ließen, sowie treuer Mitarbeiter und die Gemeinschaft mit vielen Christen des In- und Auslandes, waren bei aller Not übergoldet von der Treue und Gnade des Herrn, die wir in reichem Maße erfuhren.«

Hören wir jetzt Direktor Friedrich Heitmüller, Hamburg, Wißwedes treuen Freund: »In den weiten Gebieten Süd-Ost-Europas gab es wohl kein Land, das Paul Wißwede nicht mit einem Netz des Evangeliums zu überziehen sich bemühte. Überall kam es zu kleinen und großen Erweckungen.« Heitmüller weist noch auf einen anderen wichtigen Dienst hin, den Wißwede in der Gemeinde Jesu getan hat: »Die kurz nach der Jahrhundertwende aufgebrochene Pfingstbewegung, die auch das blühende Gemeinschaftsleben in Schlesien nicht nur bedrohte, sondern weithin zerstörte, hat Br. Wißwede zusammen mit anderen Brüdern schon bald als einen Angriff geistig-dämonischer Mächte erkannt und bekämpft. Man muß ihm das Zeugnis geben, daß er aufgrund seiner leidvollen Erfahrungen mit dieser unheilvollen Bewegung in den folgenden Jahrzehnten ein treuer, hellsichtiger, am Bibelwort orientierter Mahner und Warner geblieben ist.« Ja, er war ein Wächter auf Zions Mauern, und zwar in doppelter Weise. Einmal trat er stets für eine biblisch klare, unverkürzte Verkündigung des Evangeliums ein. Dabei glich sein eigenes Zeugnis einem unüberhörbar hellen und reinen Fanfarenstoß. Außerdem stemmte er sich mit seinem geistlich reifen Urteilsvermögen mit aller Macht gegen jeden Anlauf des

Schwarmgeistes. Mit heiligem Ernst trat er dafür ein, daß in der Mission, im Deutschen Verband für Gemeinschaftspflege und Evangelisation (Gnadauer Verband), in der RGAV und in der Deutschen Evangelischen Allianz keinem fremden Geist Einlaß gewährt würde. Dabei ging es ihm niemals um ichbezogene Rechthaberei, sondern er war ein Eiferer für die Ehre Jesu Christi.

Der Herr schenkte es unserem Bruder, eine große Zahl junger Menschen in der Missionsschule Bukowine für den Dienst am Evangelium zuzurüsten und gleichzeitig geistlich zu prägen. Kein Opfer scheuend, stand er außerdem rastlos im Reisedienst, um eine möglichst enge Verbindung zwischen dem Missionshaus und den im missionarischen Dienst stehenden ehemaligen Schülern zu halten. Auch war er immer auf der Suche nach Gläubigen, die sich zum Mitdienst ermutigen ließen. Sein Motto lautete: »Herr, mache mich treu im Heute, das Morgen ist dein.« So war bei ihm jede Stunde ausgefüllt für die Sache Jesu Christi. Er konnte mit Überzeugung sagen: »Eine Mission ist nur soviel wert, wie in ihr Jünger Jesu ihr Leben Gott zu einem ganzen Opfer hingeben.«

Als 1940 das Missionshaus in Bukowine/Tannhübel von der nationalsozialistischen Polizei beschlagnahmt wurde, erwies sich Paul Wißwede wieder einmal als ein Mann von großem Glaubensmut. Er konnte Rückschläge für Jesus und sein Reich verkraften, ohne zu resignieren. Er lebte in einer großen Gewißheit: »Die Verhältnisse, in denen wir leben, können sich schnell verändern. Sie sind vielfach nur Kulisse, die über Nacht verschwindet, aber unser Herr bleibt unveränderlich.« Unter den allergrößten Schwierigkeiten führte er das Missionsseminar, auch nach der Beschlagnahmung der eigenen Häuser, in Mieträumen weiter, bis es 1943 dann von Hitlers Geheimer Staatspolizei endgültig geschlossen wurde.

Von solchen Not- und Kampfzeiten, an denen sein Leben und Dienst überaus reich war, sagte Wißwede: »In Zeiten des Kampfes soll Jesus uns kostbarer werden, und wohl uns, wenn wir von unserer Hingabe an den Herrn nichts zurücknehmen.« Oft hörten wir aus seinem Munde: »Es kommt nichts von ungefähr« oder: »Alle Führungen bergen nur Gutes in sich, denn es kommt ja alles aus Gottes Hand, wenn auch für uns hier unten jetzt noch in vielem unbegreiflich.«

Das bezog Wißwede auch auf die Ausweisung aus Schlesien nach dem verlorenen Krieg im März 1946. Als er mit einem Flüchtlingstreck ins Siegerland gekommen war, fragte er sofort: »Herr, was willst du, daß ich und wir in der Mission jetzt tun?« Kaum ein anderer hätte gewagt, unter den sehr großen Schwierigkeiten und aus einem Nichts heraus die Missionsarbeit neu zu beginnen. Er führte dabei nicht nur Regie, sondern er war immer an der Front und spornte durch sein Vorbild seine Mitarbeiter an, ihr Leben ebenfalls rückhaltlos dranzugeben für Jesus Christus und seine Sache. Er war geradezu ein ganzes Leben lang von einer Leidenschaft erfaßt, unter allen Umständen, und wären sie noch so widrig, jede von Gott gegebene Gelegenheit mit ganzer Treue auszukaufen, um die Botschaft von der Erlösung den Menschen auf alle nur mögliche Weise nahezubringen. Am absoluten Nullpunkt des Missionswerkes gab er die Losung aus: »Es lohnt sich, Jesus zu vertrauen.« Hierin ist er nie zuschanden geworden.

Daß Gott Treue hält, wurde zunächst darin sichtbar, daß sich nach und nach die versprengten Brüder des Missionsvorstandes wieder zusammenfanden. Gott gab danach neue Mitarbeiter und auch Freunde, die bereit waren, das Werk zu unterstützen. Immer ging Paul Wißwede mit einem felsenfesten Vertrauen auf Gottes Zusagen voran und rief von daher bevollmächtigt andere zum Wagnis für Jesus auf.

Eine besondere Gabe war ihm noch eigen: Mit einem erstaunlichen Durchblick sah er in oftmals noch zaghaften, aber entschieden gläubigen Menschen brauchbare Werkzeuge für Gottes Reich. Durch seinen Zuspruch kamen viele zur inneren Gewißheit ihrer Berufung zum Dienst und sprachen freudig: »Hier bin ich, Herr, sende mich.«

So konnte sich die Mission für SOE unter Wißwedes am Wort orientierter und von Gottes Geist geprägter Persönlichkeit und der daraus erwachsenden besonnenen und weisen Führung aus allerbescheidensten Anfängen wieder zu einem Werk entwickeln, das mit einer ständig größer werdenden Mitarbeiterschar unter vielen Völkern das Zeugnis von Jesus Christus in Wort und Schrift ausrichtet. Es stellt sich die Frage, wodurch Paul Wißwede seine Kraft, Zuversicht und unerschütterliche Hoffnung gewann. Ein ihm sehr nahestehender Bruder weist uns mit folgenen Worten auf die verborgene Quelle seines Lebens hin: »Er war ein Mann, der den be tenden Umgang mit Jesus über alles liebte und treu praktizierte. Er strahlte einfach aus, was ihm im Heiligtum geschenkt wurde.«

## Das Programm seines Lebens

Es fiel dem im ständigen Einsatz stehenden und sich niemals persönlich schonenden Mann selbst im fortgeschrittenen Alter wahrlich nicht leicht, eine Aufgabe nach der anderen niederzulegen. Wenn immer er aber erkannte, daß die Zeit des Rücktritts für ihn gekommen sei, ließ er sich von niemand überreden, an einem Amt länger festzuhalten. Zuerst legte er 1956 das Missions-Inspektorat in jüngere Hände. 1961 trat er auch vom Vorsitz der Mission zurück. Ebenso handelte er in Gnadau und im Hauptvorstand der Deutschen Evangelischen Allianz. Bis zuletzt aber blieb es das Programm seines Lebens, das viele weiterführen sollten:

1. Mehrt das Wort des Herrn,
2. wehrt allen Angriffen des Feindes,
3. stärkt die Gemeinschaft der Brüder,
4. helft mit, daß der Name des Herrn hochgelobt wird!

Paul Wißwede war sich seines Weges und Auftrages in der Mission und im Gnadauer Gemeinschaftswerk gewiß. Zugleich liebte und achtete er die Kinder Gottes in allen Kreisen. Er war ein echter Allianzmann. Längere Zeit gehörte er zum Hauptvorstand der Deutschen Evangelischen Allianz. In Gnadau trug er als Stellvertretender Vorsitzender während zweier Jahrzehnte in z. T. sturmbewegter Zeit große Mitverantwortung. So hatte er in weiten Gebieten des Reiches Gottes seine einflußreiche Platzanweisung. Er erwies sich als ein überaus treuer Haushalter Gottes. Es war ihm sehr ernst, und das ist zugleich typisch für seine persönliche Bescheidenheit und Demut, daß er immer wieder einmal sagte: »Macht von mir bloß nichts her. An meinem Leben hat nur das Wert, was Jesus gewirkt, und das ist allein Gnade.« Zuweilen konnte er sehr kritisch sein, und er war ein erklärter Feind jeden Kompromisses und aller Halbheit. Seine Kritik, die für manchen recht unbequem sein konnte, wollte aber nie zerstören, sondern sein ganzes Trachten galt dem Ziel, innerhalb der Gemeinde Jesu geistlich aufzubauen.

Als Paul Wißwede heimging, sagte ein Bruder im Sinne vieler dankbarer Freunde und Mitstreiter: »Ein Großer in Israel ist von uns gegangen. Sein Leben war ein Vorbild, das uns gezeigt hat, wie der Herr segnet und zum Segen setzt die, die ihm restlos vertrauen.«

Ernst Fehler

# Gertrud von Bülow

*Geb. 3. 11. 1880 in der kleinen Herrnhuter Brüdergemeine Gnadenberg bei Bunzlau in Schlesien. Als Zwölfjährige mit der Familie in die Brüdergemeine Niesky bei Görlitz verzogen. Lehrerinnenexamen in Berlin. Entscheidung für Christus anläßlich einer Evangelisation durch Generalleutnant Georg von Viebahn in Niesky. Haustochter bei dem schwedischen Prinzen Bernadotte. Erste Reichgottesarbeit in einer heimatlichen Sonntagsschule. Umzug mit der Familie nach Rostock/Mecklenburg 1910. Dort Mitarbeit in der Gemeinschafts- und Jugendarbeit von Margarete von Oertzen. Nach deren Berufung zur Bundesmutter des Deutschen Frauenmissions-Gebetsbundes ihre »rechte Hand«. 1934 ihre Nachfolgerin. Gest. 26. 5. 1968 während einer Reise nach Westdeutschland in Remscheid.*

## Durst nach Leben

Gertrud von Bülow ist in einem frommen Elternhaus, das sich zur Herrnhuter Brüdergemeine hielt, aufgewachsen. Sie verlebte mit sechs Geschwistern eine sonnige Kindheit. Von der Mutter lernte sie das Beten. Als aber die Zeit ihrer Konfirmation kam, war sie ihrem Kinderglauben entwachsen. Man schenkte ihr eine Reihe von frommen Büchern zu ihrem Festtag. Auch eine kleine Statue des »segnenden Christus« von dem dänischen Bildhauer Thorwaldsen war unter den Konfirmationsgaben. Gertrud brachte alles hinterher zur Mutter und sagte: »Das ist nichts für mich, auch mit der Christusstatue weiß ich nichts anzufangen.«

Die Mutter verwahrte alles gut. Als Gertrud längst Mitarbeiterin von Margarete von Oertzen im Deutschen Frauenmissions-Gebetsbund war, gab ihr die Mutter den »segnenden Christus« zurück. Als diese sagte: »Jetzt wird er dir teuer sein«, stimmte die Tochter von Herzen zu.

Als Tochter einer adligen Familie, zu der viele Verwandte und Bekannte gehörten, nahm Gertrud gern Einladungen an und ließ sich auf Reisen mitnehmen. Niesky mit seinen Gottesdiensten wurde ihr zu eng. Da ließ sich das Leben in Berlin anders genießen! Es wurden Reisen nach Paris und Italien gemacht. Oder das lebenshungrige junge Mädchen hielt sich im Harz oder auf einem Weingut am Rhein auf. Bei den berühmten Pferderennen von Baden-Baden sah sie den eleganten jungen Reitern, meist Offizieren, gespannt zu. Im Winter tauchte sie gern in die große Berliner Geselligkeit mit Tanz und Theater, Oper und klassischer Musik ein. Ja, schön ist das Leben, wenn man erst zwanzig Jahre alt ist!

Aber das große Glück kam mit all diesem bunten, abwechslungsreichen Reisen und Festefeiern doch nicht. Immer wieder gab es für Gertrud sehr ernüchternde Erlebnisse: Nach einem Opernbesuch in Paris fuhr ein betrunkener Kutscher die Insassen seines Wagens gegen einen Laternenpfahl. Im Hause eines Barons ließ sich schon der zehnjährige Sohn im eleganten Smoking weltmännisch-blasiert Kognak servieren. Auf den Straßen von Paris verwunderte sich Gertrud über die vielen elegant gekleideten Leute. Beim näheren Zusehen trugen aber viele löchrige Schuhe, und ihre Seide war voller Risse. Das junge Mädchen kam ein Ahnen an, daß das glänzende, rauschende Leben, das sie liebte, im Grunde unecht und leer war, daß ihr Hunger nach Leben auf diese Weise nicht gestillt werden konnte.

## »Mit denen wird Gott schon fertig!«

Immer wieder einmal schaute Gertrud im Elternhaus herein. Wenn sie sich gegen die »fromme Welt« dort auch sträubte, so blieb doch die Liebe zu Eltern und Geschwistern lebendig. Einmal wurde sie mit der Ankündigung überrascht, daß der damals sehr bekannte Generalleutnant Georg von Viebahn in Niesky evangelisieren und bei den Eltern wohnen würde. Gern wäre sie der Teilnahme an den Versammlungen entgangen. Sie fragte bei Verwandten an, ob sie nicht acht Tage zu Besuch kommen dürfe. Aber alle sagten ab. So mußte sie schweren Herzens zu Hause bleiben. Sie ließ sich herab zu erklären, daß sie anstandshalber eine Versammlung besuchen würde, aber nicht mehr.

Herr von Viebahn erwies sich bei Tisch als munterer Gesprächspartner auch für junge Leute. Einmal fragte er den Vater: »Herr von Bülow, wie bändigen Sie nun Ihre jungen Löwen?« Die Antwort lautete: »Das habe ich gar nicht nötig, mit denen wird Gott schon fertig.«

Auch mit Gertrud wurde Gott fertig! Noch in den Tagen der Evangelisation! Lassen wir sie selber erzählen: »Der alte General von Viebahn machte auf mich einen tiefen Eindruck. Aus seinen Gesprächen merkte ich, daß der Mann ein Beter war, und manchmal, wenn ich an unserm Fremdenzimmer vorüberging, hörte ich, daß in dem Zimmer leise gebetet wurde. Zuerst ärgerte ich mich darüber: ›Der Mensch kann doch still beten, wie das jeder tut. Wozu müssen das immer Leute hören?‹ Er ahnte nicht, daß sein leises Murmeln draußen von einem kritischen Menschenkind gehört wurde. Durch das, was dieser Mann vorlebte und sagte, sprach Gott ganz allein mit mir. Ich verglich das, was ich sah und hörte, mit dem, was ich bisher in der Welt und von der Welt gehört hatte. Da begriff ich das eine: Hier stehen sich zwei Welten gegenüber, zwei Anschauungen, die nicht zueinander passen.

Und nun habe ich mit niemand darüber geredet, sondern immer nur beobachtet, verglichen und kam zu dem Schluß, daß der Friede, der von diesem Gottesmann ausging, eine Kraft war, die mir größer vorkam als alle die Herrlichkeit und Schönheit, die ich bisher im Vollmaß äußerlich genossen hatte. Mein ganzes Herz gehörte der Welt. Mein ganzes Zukunftsglück lag in der Welt, die mir alles bot, was ich nur haben wollte. – Ich bin in unserm Wald allein umhergelaufen und habe Kämpfe durchkämpft und habe zu Gott gerufen: ›Ich will das Glück, ich will den Frieden, ich will die Welt mit ihrer Schönheit! Laß mir das doch!‹ Und mit jedem Tag wurde der Kampf heißer, bis Gott mich überwand.

Da gab es einen Strich in meinem Leben, der mir fast das Leben kostete. Es war ein tiefer, tiefer Schnitt. Alle Halbheit war mir immer etwas Verächtliches. Mir war klar: Bekommt Gott mein Leben in seine Hand, dann heißt es von nun an: Regiere du mich! Und ich sagte ihm mein Ja. Ich sehe mich noch dem alten General gegenübersitzen (nach der einen Versammlung, die Gertrud nur besuchen wollte!), der mir aus der Bibel vorlas, und ich höre noch, wie er mir sagte: ›Und wollen Sie Ihr Leben wirklich Gott geben, dann sagen Sie es ihm jetzt!‹ Da kniete dieser alte Mann an seinem Stuhl nieder und sagte: ›Nun tun Sie's auch, und nun sagen Sie es Gott hier vor mir!‹ Da gab ich ihm zur Antwort: ›So nicht, laut beten kann ich nicht, das habe ich noch nie getan vor andern. Ich kann überhaupt nicht beten.‹ Da betete er mit mir und sprach mit Gott so, wie ich es wohl außer bei meinen Eltern noch nie gehört hatte, und das löste meine Zunge; denn da stand ich vor Gott.«

Fortan hieß Gertrud von Bülows Ziel und Lebensauftrag: »Mein Leben gehört nicht mehr mir, Gott will es in seinem Dienst brauchen.« Viel Freude machte ihr der Aufenthalt im Hause des schwedischen Prinzen Bernadotte, der ein gläubiger Christ war. Der Prinz hatte sie gebeten, mit seinen drei heranwachsenden Töchtern für einige Zeit zusammenzuleben und ihnen die Nachfolge Jesu liebzumachen. Es machte Gertrud einen tiefen Eindruck zu beobachten, daß der Prinz oft die Gemeinschaft mit Gott im Gebet suchte. Sie begleitete ihn einmal hoch in den Norden des Landes, wo er den Lappen das Evangelium bezeugte. Dieser Mann in einem hohen irdischen Stand hatte sich ganz dem Dienst seines himmlischen Königs verschrieben.

Wieder daheim in Niesky, fing Gertrud eine Sonntagsschule an. Es war ihr eine große Ermutigung zu erleben, daß auch Kinder schon bewußt und mit bleibender Wirkung ihr Herz dem Heiland öffnen können. Da war z. B. der Gerhard, den sie nach über 50 Jahren auf einer Blankenburger Allianzkonferenz wiedertraf. Er war nach Brasilien ausgewandert und dort ein tüchtiger Baumeister geworden. Einmal noch zog es ihn in die alte Heimat, und bewegten Herzens dankte er seiner alten Sonntagsschulmutter, daß sie ihn so früh auf den Herrn Jesus hingewiesen hatte.

1910 zog die Familie von Bülow nach Rostock in Mecklenburg. Die Seeluft dort tat dem an Asthma leidenden Vater gut. In Rostock hatte Frau Margarete v. Oertzen, eine Verwandte der Bülows, eine umfangreiche Reichgottesarbeit mit Sonntagsschule, Bibelstunden für junge Männer und junge Mädchen, Frauenbibelstunden und Familienabenden aufgebaut. Dort fanden die Schwestern Bülow alle reichlich Arbeit. Gertrud übernahm den Jugendbund für junge Männer. Sie war an jedem Sonntagnachmittag von 14 bis 21 Uhr mit »ihren Jungens« zusammen. Aus dem immer mehr wachsenden Kreis gewann sie Mitarbeiter, die sie in die Bibel einführte und mit denen sie alle Angelegenheiten des Jugendbundes durchbetete. Unvergeßlich blieben zwei Ferienfahrten nach Dänemark.

Margarete v. Oertzen wurde im Jahre 1923 zu ihren vielen andern Aufgaben noch Bundesmutter des Deutschen Frauenmissions-Gebetsbundes (DFMGB). Gertrud v. Bülow wurde zur Mitarbeit in dem neuen Arbeitszweig gebeten. 25 Missionarinnen standen im Dienst des Reiches Gottes in der weiten Welt, und Hunderte von Gebetskreisen in der Heimat mußten betreut werden. Gertrud wurde die rechte Hand von M. v. O. (wie sie genannt wurde) und reiste viel mit der Bundesmutter in Deutschland und Österreich umher. Als die letztere 1934 heimging, wurde Gertrud v. Bülow ihre Nachfolgerin.

Im Zweiten Weltkrieg wurde die Arbeit des DFMGB sehr behindert und verringert. Viele Missionarinnen wurden auf ihren Arbeitsfeldern interniert. Einige, die heimgekommen waren, taten in der mecklenburgischen Kirche Dienst und ersetzten im Religionsunterricht und im Verkündigungsdienst zum Kriegsdienst eingezogene Pfarrer. Als Mecklenburg von den Russen besetzt wurde, lenkte der Herr das Herz des Ortskommandanten so, daß er zu Gertrud v. Bülow wie ein »Sohn« zu einer »Mutter« aufsah und den kirchlichen Dienst der Missionarinnen weiter gestattete. Die Bundesmutter hielt auch manche Bibel- und Gemeinschaftsstunde.

In der Bundesrepublik konnte die Arbeit des DFMGB wieder aufgebaut werden. Missionarinnen wurden wieder ausgesandt. Mit Freuden nutzte die Bundesmutter die Reiseerlaubnis für Rentner, um die Gebetskreise in Westdeutschland zu besuchen. Sie nahm sich dabei immer ein großes Programm vor und schonte sich nicht. Solch eine Reise, auf der sie wie immer von ihrer treuen Mitarbeiterin Lotti v. Huhn begleitet wurde, unternahm sie auch 1968. Dieses Mal aber kehrte sie nicht mehr lebend in die geliebte mecklenburgische Heimat zurück, sondern sie wurde im Mutterhaus Tannenhof in Remscheid mitten aus vielen Diensten und Begegnungen heimgerufen.

Arno Pagel

## Aus Gertrud v. Bülows geistlichen Erfahrungen

*Eifersucht*

»Mir waren früher die Menschen unverständlich, die auf andere eifersüchtig sein konnten. Warum nicht dem anderen etwas gönnen und sich mit ihm freuen? Eifersucht fand ich gemein. Nun war's mir aber enttäuschend zu sehen, daß es nicht nur in der Welt ein Ringen um Ehre und Ruhm gibt, sondern daß sich diese Dinge auch in die Kreise hineinschleichen, bei denen man es nicht erwarten sollte. Ich hörte Ausdrücke wie: ›Ich habe mehr Licht als die anderen‹ – ›meine Arbeitsart ist die einzig richtige.‹ Ich hörte, wie abfällig übereinander kritisiert wurde, und darunter litt ich. Mich selber hielt ich frei von Eifersucht.

Je länger man mit Christus geht, desto heller scheint sein Licht in das eigene Wesen und Leben hinein. Da entdeckte ich mit der Zeit Dinge in mir, von deren Dasein ich bisher keine Ahnung hatte. Ich stand mit jemand zusammen, die ich sprechen wollte und auf deren Urteil ich viel gab. Da kam eine andere dazu, die auch etwas zu besprechen hatte. Darüber ärgerte ich mich. Als sie so lange redete, wurde ich ungeduldig, und als auf deren Fragen eingehend und lange geantwortet wurde, da verabschiedete ich mich einfach mit einem Gefühl im Herzen, das ich vorher noch nicht so bewußt in mir entdeckt hatte. Das schmeckte mir wie Galle, und boshafte Gedanken gegen die Betreffende stiegen in mir auf, bis mir die Augen darüber aufgingen: das ist wohl die Eifersucht, was du ja für so gemein hältst! Also so etwas ruht auch in mir! Das habe ich nie gewußt.

Nun fing ich an, Gott zu bitten: ›So etwas laß nicht in mir, das stößt mich bei anderen Menschen so ab; das will ich nicht haben!‹ Seine Erhörung war anders, als ich dachte. Ich mußte erfahren, daß andere es mir mißgönnten, wenn in der Arbeit etwas gelang, mußte durch Neid und Eifersucht leiden und mir dann immer wieder sagen: Du brauchst das, um selber zu sehen, wie häßlich es ist, was du ja auch in dir selber gemerkt hast.«

## Der beste Weg zum Frieden untereinander

»Wir waren viel zusammen gewesen, hatten uns lieb, und ich traute der Betreffenden nur das Allerbeste zu. Und dann kam etwas, was ich nicht verstand. Es legte sich ein Schatten zwischen uns. Weil ich offen sein wollte, überging ich den Schatten und versuchte weiter, harmlos zu bleiben, und doch merkte ich, wie aus dem Schatten eine Wand wurde und aus der Wand ein Gegeneinander. Was der Grund war, ahnte ich nicht. Da fing ich an, offen die andere daraufhin anzureden, um die Wand wegzubekommen. Hätte ich geschwiegen, wäre es besser gewesen. Nun aber brach es wie eine Rakete los, und ein Strom von Vorwürfen polterte über mich herein, deren Gründe ich gar nicht verstand, weil ich so völlig harmlos gewesen war. So kamen wir ganz auseinander.

Eines wurde mir klar: Je mehr man miteinander redet und sich Vorwürfe macht, desto weiter wird die Kluft. Es ist so viel schöner, im Frieden mit den Menschen zu leben, und nun war da eine ganz tiefe Kluft, die ich nicht überbrücken konnte. Ach, das hat mir viel Not, unsagbar viel Not gemacht, weil ich den Grund nicht verstand. Schließlich verzagte ich fast darüber, bis mir Gott etwas zeigte: Sei still und warte ab! Da übergab ich ihm die ganze Sache und bat ihn: ›Ordne du!‹ Nun erwartete ich, daß er bald eingreifen und Frieden herstellen würde; aber das tat er nicht. Man trennte sich voneinander und blieb jahrelang getrennt. Aber täglich bat ich den Herrn: ›Bring du es wieder zurecht!‹ Nach sieben Jahren war ich darüber still geworden; aber sieben Jahre lang habe ich täglich darum gebetet.

Da kam eines Tages von weither ein Brief, den ich immer wieder durchlesen mußte. Wer hatte denn den Brief geschrieben? Die Handschrift war von der Betreffenden, aber diktiert war er von Gottes Geist. Und diesem Brief folgte gleich meine Antwort, eine Antwort, die aus jahrelangem Beten kam; und ganz von selber fanden sich zwei Menschen wieder, die sieben Jahre getrennt waren.

Aus dieser Erfahrung heraus und auch aus noch mancher anderen hat mich Gott gelehrt: Wahr sein heißt nicht: lieblos sein. Und ebenso lernte ich: Wolle nicht aus eigenem Handeln weder bei anderen noch bei dir Dinge menschlich ordnen, die Gott zu seiner Stunde dann ordnen wird (auch wenn es lange darauf zu warten gilt), wenn wir aus Schwierigkeit und dem Sichmißverstehen das gelernt haben, was wir dadurch lernen sollten. Seitdem, wo ein Mißklang ist, lerne ich schweigen, warten und beten und erfahre, daß das der beste Weg ist zum Frieden untereinander.«

# Hermann Schöpwinkel

Geb. 4. 4. 1882 in Bonn. Ausbildung zum Techniker in Leipzig. Geistliche Heimat im dortigen CVJM. 1904–1907 in der Evangelistenschule Johanneum in Wuppertal-Barmen. Mitarbeit in der oberschlesischen Evangelisations- und Gemeinschaftsbewegung. 1908–1948 erst Prediger und dann Inspektor in der Stadtmission Offenbach/Main. 1946–1963 Geschäftsführer der Reichgottesarbeiter-Vereinigung (RGAV). 1948–960 Generalsekretär des Deutschen Verbandes für Gemeinschaftspflege und Evangelisation (Gnadauer Verband). Gest. 20. 9. 1970 in Denkendorf/Württ.

*Wächter und Warner*

Mit dem Namen Hermann Schöpwinkels verbindet sich in der deutschen Gemeinschaftsbewegung die Erinnerung an einen unermüdlichen, unerschrockenen, biblisch klaren Warner vor allen schwarmgeistigen Bewegungen. Die reiche Geschichte seines Lebens geht aber über diesen gewiß bedeutsamen Wächterruf weit hinaus. Daß und wie er diesen Ruf erhob, ist aus seiner eigenen Lebensführung zu verstehen, die ihn früh in die Auseinandersetzung mit Personen und Kreisen trieb, deren Anspruch und Praxis des Geistbesitzes er nicht mit dem Zeugnis der Heiligen Schrift in Übereinstimmung bringen konnte. Diese blieb für ihn der letztgültige Maßstab für alles, und schon bei dem bekannten Pietisten Heinrich Jung-Stilling (1740–1817) fand er die Haltung, die auch sein Urteil über besondere »Offenbarungen«, Gesichte und Geistzeugnisse bestimmte.

Jung-Stilling schrieb einmal im Blick auf einen »inspirierten« Prediger Rock, der zu seiner Zeit viel von sich reden machte: »Der Heilige Geist bedient sich nicht der Ohnmachten, Konvulsionen (Zuckungen) und des Verlusts des Bewußtseins, wenn er Zeugnisse an die Menschen verkündigen lassen will. Mir sind viele männliche und weibliche Personen bekanntgeworden, die auch solche Zukkungen bekamen, dann in eine Entzückung gerieten und so die herrlichsten und heiligsten Bibelwahrheiten auf die schönste und heiligste Weise aussprachen, sogar künftige Dinge voraussagten, die pünktlich eintrafen. Aber allmählich und am Ende ging es kläglich und oft schändlich aus, und nun zeigte es sich, daß sich ein falscher Geist in einen Engel des Lichtes verstellt hatte . . .

Liebe Herzenskinder, lasset uns doch lediglich bei der Bibel bleiben, da ist uns ja alles hinlänglich bekanntgemacht . . . Nichts in der Welt ist gefährlicher als Inspirationen, sie sind eine offene Tür für falsche Geister. Die Bibel ist unser einziger Leitstern, der uns zu Jesus Christus führt. Er sei und bleibe uns alles in allem.«

In seiner bibelgebundenen Klarheit hat Hermann Schöpwinkel durchaus einen Blick gehabt für das Werk und die Gaben des Heiligen Geistes. An ihm selber und seiner Frau hat sich z. B. die Gabe der Glaubensheilung ausgewirkt, die beide buchstäblich aus dem Rachen des Todes gerissen hat.

Damit sei es genug von dem besonderen Auftrag Hermann Schöpwinkels, der ihn in der Öffentlichkeit vor allem bekanntgemacht hat. Werfen wir nun einen Blick auf sein *ganzes* bewegtes, vom Herrn geführtes und gesegnetes Leben!

Er hat selbst immer wieder über seine Führungen gestaunt, denn er kannte die Grenzen seiner Gaben und Kräfte sehr wohl. In einem Vortrag vor Reichgottesarbeitern über »Vermehrte Geistesausrüstung« rief er einmal aus: »Ich schaue jetzt nicht in eure Gesichter, und ich denke nicht über euch nach, geliebte Brüder, sondern ich schaue auf mich selbst. Laßt uns hineingehen in die Selbstkritik ohne Schonung und bis auf den letzten Grund!« Aber er rühmte zugleich mit Innigkeit und Hingabe die alles heilende und jeden Mangel ausfüllende Gnade Gottes in Christus, die für Leben und Dienst auch ihm reichlich geschenkt war.


*Frohe und schwere Jahre in Leipzig*

In den sorgfältigen Aufzeichnungen, wie sie in seinem Nachlaß gefunden wurden, berichtet Hermann Schöpwinkel über seine Kindheit: »Ich wuchs in Bonn auf in einem damals noch kleinen Geschäftshaus mit wenigen Angestellten. In der Familie ging es sehr einfach zu. Aber es herrschte eine echte Gottesfurcht. Keine Mahlzeit geschah ohne Gebet. Der sonntägliche Kirchgang und der

Besuch der Sonntagsschule waren eine Selbstverständlichkeit im Elternhaus.« Mit 14 Jahren kam der Heranwachsende aus dem Elternhaus fort nach dem fernen Leipzig. Dort begann er bei einem Freund des Vaters eine technische Lehre.

»Lehrjahre«, sagte er später, »sind keine Herrenjahre. Da kannte man noch keinen Achtstundentag und keine fünftägige Arbeitswoche. Man wohnte zu zweien in einem Raum ohne Licht. Es gab vier Jahre lang trockenes Brot und abends zehn Pfennige. Dafür konnte man sich verköstigen. Oft habe ich gehungert. Der Beruf selbst war interessant. Wir bauten die ersten Röntgen-Apparate. Ich hatte fast täglich in der Universität zu tun und schaute in die vielen Institute hinein.«

Der Lehrmeister war streng und hielt wenig vom christlichen Glauben. Als Hermann 16 Jahre alt war, wurde ihm gestattet, an einem Sonntagnachmittag in den CVJM zu gehen. Dort umgab ihn Heimatluft. Doch ein zweites Mal bekam er keine Erlaubnis. Nur gegen den sonntäglichen Kirchenbesuch wurde nichts eingewendet.

Der junge Techniker erhielt nach seiner Ausbildung ein bescheidenes Monatsgehalt von 64 Mark. Schon der erste Sonntag in seiner nunmehrigen »Freiheit« sah ihn wieder im CVJM. Die jungen Männer vom »Empfangskomitee« führten ihn in eine Gebetsstunde ein, die gerade abgehalten wurde. Er schreibt darüber: »Zum erstenmal lag ich mit jungen Männern aller Kreise und Stände auf den Knien vor Gott. Zum erstenmal hörte ich junge Männer ihr Herz ausschütten. Und ohne ein menschliches Zutun übergab ich mich in dieser Stunde bewußt meinem himmlischen Herrn.«

Im CVJM Leipzig wehte Erweckungsluft. Es war für den nun zum lebendigen Glauben Gekommenen eine wundervolle Zeit. Von dem Verlangen der vielen jungen Menschen, ihre Altersgenossen für Jesus zu gewinnen, wurde er geradezu angesteckt. Sie gingen auf die Straßen, sprachen die jungen Männer an und luden sie ein. Im Gebet vor Gott vereinigten sie sich auf den Knien und baten Gott inbrünstig um die Bekehrung der Eingeladenen: »Und unsere Gebete fanden Erhörung. Nicht wenige von uns bekamen den Ruf in den direkten Missionsdienst.«

Auch Hermann vernahm diesen Ruf. Mit der Bitte, den Technikerberuf aufgeben und sich in einem Missionsseminar melden zu dürfen, trat er eines Tages vor seinen Vater. Dieser lehnte kategorisch ab und sagte: »Du würdest das einzige meiner Kinder sein, das keine Zukunft hat.« Da man ohne elterliche Erlaubnis in ein Missionsseminar nicht aufgenommen werden konnte, ging es nun durch »Kämpfe und Tiefen«.

Dann aber griff der Herr selbst ein und nahm den jungen Hermann Schöpwinkel auf allerdings schmerzliche Weise aus seinem Beruf. Er bekam ein schweres Kopfleiden. Nachdem die Ärzte ihn zunächst fast ein Jahr ambulant behandelt hatten, wurde ein gefährlicher Eingriff nötig. Er lag stundenlang in der Narkose auf dem Operationstisch: »Die Ärzte hämmerten, schnitten, schabten und nähten an meinem kranken Kopf. Nach zweieinhalb Stunden lag ich im Dunkeln mit vier Gummikanülen im Kopf. Als mein Vater mich im Krankenhaus besuchte – ich konnte ihn ja nicht sehen –, fiel er ohnmächtig zusammen.« Die Narbe des schweren Eingriffs trug Hermann Schöpwinkel für immer an seiner Stirn. Noch fast eineinviertel Jahre nach der Operation blieb er in ärztlicher Behandlung. Der Kopf schwoll aufs neue an. Die Ärzte waren ratlos. Der Chefarzt des Krankenhauses sagte eines Tages: »Wir müssen Ihnen leider gestehen, daß unsere ärztliche Kunst zu Ende ist.«

In dieser Zeit fiel Hermanns Blick auf die bekannten Bibelverse Jakobus 5, 13–15. Das Wunder geschah: »Der Herr schenkte mir in seiner unendlichen Gnade durch Handauflegung Leben und Gesundheit zurück und ebnete so den Weg in die Evangelistenschule ›Johanneum‹ in Barmen, wo ich im Herbst 1904 meinen Einzug hielt.«

Über die dreijährige Ausbildungszeit hinaus ist Hermann Schöpwinkel bis an sein Lebensende mit dem »Johanneum« herzlich verbunden geblieben. Er hat später zum Vorstand des Hauses gehört. Der damalige Hausvater, Inspektor Theodor Haarbeck, der zugleich Präses des Gnadauer Verbandes war, unterrichtete in biblischer Glaubenslehre. Die Schüler waren bisweilen innerlich so ergriffen, daß sie noch während des Unterrichts in tiefer Beugung vor Gott auf die Knie fielen, um anzubeten.

*Erweckungszeit in Schlesien*

Beim Abschied vom »Johanneum« sagte Inspektor Haarbeck zu Schöpwinkel: »Sie sind mir drei Jahre ein Wunder Gottes gewesen.« Auch er selbst empfand so. Seine erste Dienstaufgabe führte ihn nach Kattowitz, in das Heimathaus der »Mission für Süd-Ost-Europa«. Die Hauseltern, Inspektor Martin Urban und Gattin, empfingen den jungen Prediger aufs herzlichste. Ein kleines Stübchen neben der Empore des Missionshauses wurde ihm als Schlaf- und Arbeitsraum zugewiesen. Er fühlte sich darin glücklich.

Der Schülerkreis des Hauses setzte sich aus Gliedern der verschiedensten osteuropäischen Völker zusammen. Jeden Morgen hatte Schöpwinkel den Brüdern eine Andacht zu halten. Ob es ganz die richtige Wahl war, daß man ihm dafür die Auslegung des Buches Hiob vorschrieb, wird man bezweifeln können. Nachmittags machte er im Industriebezirk der Stadt Hausbesuche, und abends diente er mit dem Evangelium.

Seine erste Bibelstunde hielt Schöpwinkel in Miechowitz im Diakonissen-Mutterhaus von Schwester Eva von Tiele-Winckler. Zum Schwesternkreis gehörten viele Glieder alter Adelsfamilien. Dem jungen Streiter wollte es ein wenig bange werden. Gott aber schenkte ihm schon mit dieser ersten Versammlung einen guten Eingang und vor allem das Vertrauen von »Mutter Eva«.

Doch schon nach kurzer Zeit wurde die von Miechowitz nur vier Kilometer entfernte Stadt Beuthen Schöpwinkels Hauptarbeitsfeld. Dort wehten die Winde der Erweckung, die um die Jahrhundertwende durch Deutschland zogen. Man versammelte sich zunächst in der Wohnung eines gläubigen Straßenbahnkontrolleurs. Es wurde kaum eine Versammlung gehalten, ohne daß nicht klare, tiefgründige Bekehrungen geschahen. In den meisten Fällen vollzog sich mit der Bekehrung sofort eine glaubensvolle Hingabe an den Herrn und sein Werk.

Die Wohnung reichte bald nicht mehr aus. So mußte nach einem gemeinschaftseigenen Raum Ausschau gehalten werden. Eine leerstehende Schlosserwerkstatt im engen Hof einer Mietskaserne bot sich an. Dort, wo der Amboß gestanden hatte, wies der Zementfußboden große Löcher auf. Die Fabrikfenster aus Eisen mit kleinen Scheiben waren stark verrostet, die Decke schwarz von Ruß. Mit Wänden und Türen war wenig Staat zu machen. Der erste Anblick warf den angehenden Mieter fast um, und doch war ihm klar, daß dieses der künftige Raum für seine Arbeit sein müßte.

Nun bewährte sich die Hingabe der Neubekehrten in der Praxis. Der Raum wurde von den meist unbemittelten Gliedern des Gemeinschaftskreises in einer so großartigen Weise hergerichtet, daß man ihn bei der Einweihung nicht wiedererkannte. Für Hermann Schöpwinkel ergab sich in der Folgezeit ein reichbesetztes Arbeitsprogramm an Alten, Jungen und Kindern. Die Erweckung griff über. Neue Türen öffneten sich in Tranowitz und Bobreck. Das Trinkerelend wurde aufgegriffen.

Eines Tages bekam der inzwischen schon bekanntgewordene Prediger und Evangelist Hermann Schöpwinkel eine Einladung vom leitenden Direktor des Bobrecker Hüttenwerkes. Dieser war Jude. »Als ich bei ihm eintrat«, erzählt Schöpwinkel, »fragte mich der Direktor: Was haben Sie mit dem Halunken gemacht? – Ich antwortete: Ich kenne keinen Halunken. – Er fuhr fort: Sie wissen schon, wen ich meine. Ich habe diesen versoffenen Kerl schon oft aus dem Betrieb werfen wollen wegen seiner Unzuverlässigkeit und Faulheit. Aber immer wieder hatte ich Mitleid mit seiner lungenkranken Frau und seinen 12 Kindern. Nun ist dieser Mensch wie erneuert, ein fleißiger, solider Arbeiter und ein Vorbild im ganzen Betrieb. – Ich antwortete: Mit dem Arbeiter A. habe ich nichts gemacht, aber Jesus Christus, der Messias auch Ihres Volkes. Da fragte er: Darf und kann ich Ihnen in Ihrem Dienst helfen? – Freudig bewegt sagte ich: Ja! Geben Sie uns den Kasinosaal zur Evangelisation! Er tat's, und es durfte in jener Woche kein Alkohol ausgeschenkt werden. Inspektor Urban kam, und Gott bekannte sich zu seinem Wort. Nicht nur Arbeiter, auch Angestellte und Beamte wurden in die Nachfolge Jesu berufen.«

## Offenbach, Gnadau und die RGAV

1908 folgte Schöpwinkel einem Ruf in die »rote Lederstadt« Offenbach am Main. Die dortige Gemeinschaftsarbeit war mit einem Blaukreuzkreis verbunden. Durch Ungeschicklichkeiten war es kurz zuvor zu einer Trennung der beiden Gruppen gekommen. Unter dem erwecklichen Dienst des neuen Predigers vereinten sich die Kreise wieder. Es kam zur Gründung der Offenbacher Stadtmission, dessen geschäftsführender Inspektor und Seelsorger Schöpwinkel 40 Jahre hindurch war.

Die Arbeit blühte auf. Die Jugendkreise wurden dem Deutschen Verband der Jugendbünde für entschiedenes Christentum (EC) angeschlossen. Die Stadtmission gewann auch das Vertrauen der Behörden. Man übergab dem Werk die gesamte Trinkerfürsorge der Stadt. Schließlich wurden 750 Trinkerfamilien betreut. Es entstanden Außenstationen, und ein immer größerer Stab von Mitarbeitern stand dem Inspektor zur Seite.

Die Zeit des Dritten Reiches brachte vieles zum Erliegen. Schöpwinkel wurde vor die Geheime Staatspolizei zitiert und einige Zeit in Haft genommen. Im Zweiten Weltkrieg sank das stattliche Gebäude der Stadtmission in Trümmer. Am 30. Mai 1948 konnte jedoch das unterdessen wieder aufgebaute Haus eingeweiht und erneut in den Dienst für das Reich Gottes gestellt werden.

Inzwischen hatte man auch im Gnadauer Verband die Fähigkeiten des Offenbacher Stadtmissionsinspektors endeckt. In dem Maße als es seine Kraft und die übrigen Verpflichtungen zuließen, stellte sich Schöpwinkel auf Bitte des Gnadauer Vorstandes und seines damaligen Präses, Pastor D. Michaelis, mehr und mehr der Mitarbeit in Gnadau zur Verfügung. Als dann in Offenbach der endgültige Nachfolger gefunden war, wurde Schöpwinkel für den vollzeitlichen Dienst als Generalsekretär und für den damit verbundenen Reisedienst frei.

Außerdem wählte die Reichgottesarbeiter-Vereinigung (RGAV), in der weit über 1000 Prediger vorwiegend aus den Gnadauer Werken zusammengeschlossen waren, unseren Bruder zum Geschäftsführer. Das ergab eine Fülle von seelsorglichen und manchmal auch sozialen Aufgaben, wobei die älteren Prediger oder deren Witwen nicht vergessen wurden. Dazu kam der Vortragsdienst in den Landesbezirken und ihren Konferenzen und die Durchführung der jährlichen Hauptkonferenz der RGAV.

Mit einer unwahrscheinlichen Arbeitskraft setzte sich nach dem Zweiten Weltkrieg Hermann Schöpwinkel für den tonnenweisen Versand von Liebesgabenpaketen aus der Schweiz, Amerika und sonstigen Ländern ein. Sein Mitarbeiterstab bestand allermeist aus der eigenen Familie und der treuen Sekretärin, Frl. Milchen Giesa, die ihn später als Mitarbeiterin der Gnadauer Verbands- und Verlagsaufgaben auch in die Wahlheimat seines Alters nach Denkendorf begleitet hat.

Bis ins hohe Alter hinein gehörte Schöpwinkels Herz auch der Gnadauer Brasilienmission. In seinem ausgeprägten Sinn für Geschichte legte er auch noch ein wertvolles Gnadauer Archiv an, in dem er Dokumente aus der deutschen Gemeinschaftsbewegung und aus der Auseinandersetzung um die Pfingstbewegung sammelte.

Aus einem wahrlich »tätigen Ruhestand« wurde der treue Knecht am 20. 9. 1970 heimgerufen.

Fritz Hubmer

# Alfred Roth

*Geb. 24. 10. 1882 in St. Goar (Rhein). Schon als Neunzehnjähriger Mitarbeiter in Gemeinschaftsstunden. 1905–1912 Prediger in Homberg (Bez. Kassel). 1908 Schriftführer des Hessen-Nassauischen Gemeinschaftsvereins. 1912 Predigtdienst im Bezirk Bad Hersfeld. 1924 Vorsitzender des Hessen-Nassauischen Gemeinschaftsvereins und Umzug nach Kassel. 1943 nach Zerstörung seines Hauses Umzug nach Wasenberg b. Treysa. Dort gest. 24. 7. 1950.*

## Auf einem Friedhof in der Schwalm

Wer den Friedhof des Schwalmdorfes Wasenberg besucht, findet dort ein Grab, an dem man stehenbleiben muß. Auf dem Stein ist in der Mitte ein großes Kreuz eingemeißelt. Darunter stehen die Worte: »In Gottes Frieden – Alfred Roth – ein Zeuge Jesu Christi.« Unter den Daten von Geburt und Tod lesen wir das Pauluswort: »*Wir haben aber solchen Schatz in irdenen Gefäßen*« (2. Kor. 4, 7). Hier ruht einer der bedeutendsten Männer der deutschen Gemeinschaftsbewegung in der ersten Hälfte des 20. Jahrhunderts. Das Pauluswort will kund tun, daß der Körper des Entschlafenen einem zerbrechlichen Gefäß glich, in dem, wie bei dem Apostel, ein kostbarer Schatz verborgen war. Wir alle, die ihn kannten und mit ihm an der Arbeit für das Reich Gottes standen, können bezeugen, daß ihm in der Tat ein solcher Reichtum von Licht und Kraft von oben geschenkt war, daß Segenswirkungen von großer Reichweite und Tiefe von seinem Leben und Wirken ausgingen.

## Der junge Zeuge

Alfred Roth hat früh seine Eltern verloren. Die Mutter starb, als das Kind erst drei Jahre alt war; der Vater, ein stiller, gläubiger, durch Leiden geläuterter Mann, vier Jahre später. Eine wackere Frau nahm sich der unversorgten Kinder an. Krankheit, Verlassenheit und materielle Not waren die Gefährten von Alfred Roths Kinderjahren. Dann geschah das Große, daß ihm in seiner Jugendzeit in Jesus Christus strahlend die Gnadensonne aufging. Fortan gehörte sein Leben diesem Herrn. »Ich sah«, so äußerte er einmal später rückblickend, »daß es nur ein Leben gab, das wert war, gelebt zu werden, und das war ein Leben für Ihn!« Sein Weg führte ihn in die landeskirchliche Gemeinschaftsbewegung in Kurhessen. Dort entdeckte man bald seine außergewöhnliche Begabung. Durch Selbststudium eignete er sich ein großes Wissen an. Besonders die Bibel lernte er gründlich kennen. Wir haben von ihm einen anschaulichen Bericht, wie er schon als Neunzehnjähriger zur Evangeliumsverkündigung unterwegs war. Darin tun wir einen Blick in die »Frühlingszeit« der hessischen Gemeinschaftsbewegung:

»An einem klaren Winterabend im Februar 1902 wanderten zwei Brüder aus einer Gemeinschaft unseres damals recht in der Ausbreitung begriffenen Werkes von ihrem Wohnort – einer hessischen Kreisstadt – nach einem Dorf, das hinter den Bergen, etwa 6 Kilometer von der Stadt, versteckt lag. Der eine dieser Brüder war noch nicht volle zwanzig, der andere längst sechzig Jahre alt, sie verstanden sich aber gut und zogen ihre Straße fröhlich, obwohl beide tagsüber schwer gearbeitet hatten. Sie wollten in dem abgelegenen Dorf noch ›Versammlung halten‹.

Aber siehe da, als sie dort ankamen, war ›kein Raum in der Herberge‹. Durch irgendeinen Grund konnte die gewöhnlich benutzte Bauernstube nicht zur Verfügung gestellt werden, auch sonst paßte es nirgends. Die beiden Brüder aber wollten nicht unverrichtetersache zurückkehren, zumal aus dem Dunkel der Dorfstraße schon Gestalten auftauchten, die an der Versammlung teilnehmen wollten. Da nahm eine kleine Arbeiterhütte am Waldesrand sie auf; durch aufgeweichten Lehmboden wanderte man dorthin. Es war eine kinderreiche Familie, und aus dem buntgewürfelten Kattun der Betten lugte halbverschlafen schon hier und da ein krauser Kopf heraus, das jüngste Kindlein lag der Mutter im Schoß, und sie wartete sein, während die beiden Brüder, erst der alte, dann der junge, ihre Zeugnisse ablegten.

Es geschah aber ganz unerwartet, daß ein Geist der Erweckung sich im Kreis der Zusammengekommenen regte. Von etwa dreißig Besuchern wünschten elf, man möchte mit ihnen beten. Da war wieder die Raumnot da. Wohin mit denen, die spürten, daß sie in einem stillen Winkel in Gemeinschaft mit einem der beiden Brüder die innere Entscheidung vollziehen sollten? Die gute Hausfrau legte ihren Säugling in die alte Wiege, winkte leise, eine enge Tür öffnete sich – und im Schein einer etwas qualmenden Küchenlampe, die schnell entzündet worden war, knieten weinende Menschen neben einem großen Kessel, in dem die Nahrung für das Vieh bereitet ward. Der Bruder betete mit ihnen, daß sie den Frieden Gottes empfangen möchten. – Es war bald Mitternacht, als das letzte Loblied in der Arbeiterstube verhallte, und noch fröhlicher als vorher zogen die beiden ihre Straße zurück und verkündigten bei der nächsten Gelegenheit ihrer Gemeinschaft, was sie an jenem Abend erfahren hatten.

Der alte Bruder lebte noch dreizehn Jahre und gedachte oft mit Freuden jener Abendstunde im dumpfen Raum. Der junge Bruder aber half in den kommenden Jahren und Jahrzehnten in unserem Werk an seinem Teil mit, daß die werdenden Gemeinschaften freundliche, genügend große Versammlungsräume erhielten – und trug manche Last darüber.

Wenn er aber nun heute die Raumnot für unsere Versammlungen noch einmal miterleben muß, so erinnert er sich gern jenes Februarabends vor fünfundvierzig Jahren und möchte auch seine Brüder und Schwestern daran erinnern, zum Zeichen, daß unsere Verlegenheiten Gottes Gelegenheiten sind, und zum Zeichen dafür, daß der Geist Gottes nicht an Raum und Ort gebunden ist, sondern die kleinste Hütte, die die Liebe öffnet, mit Vorliebe benutzt, um einen Tempel Gottes aus ihr zu machen.«

### Der Gemeinschaftsmann voller Bruderliebe

Der Herr sorgte dafür, daß Alfred Roth durch erfahrene Reichgottesarbeiter für seinen Dienst noch besser zugerüstet wurde. Er wurde mit dem gesegneten Pfarrer Otto Stockmayer aus der Schweiz bekannt. In dessen Seelsorgeheim hielt er sich wochenlang auf. Er hat später aus der tiefschürfenden Schriftauslegung Stockmayers das wertvolle Andachtsbuch »Die Gnade ist erschienen« zusammengestellt.

Befruchtend und hilfreich war für Alfred Roth auch der enge Kontakt, den er mit Pfarrer Leopold Wittekind hatte, der damals eine führende Rolle in der hessischen Erweckungsbewegung spielte. Wittekind war der Vorsitzende des Hessen-Nassauischen Gemeinschaftsvereins, der sich 1897 konstituiert hatte. Von 1913 bis 1921 wohnten die beiden zusammen in Bad Hersfeld und hatten dadurch die Möglichkeit häufiger Begegnungen und Aussprachen. Als Wittekind Ende 1923 heimgerufen wurde, wurde 1924 Alfred

Roth zu seinem Nachfolger in die Leitung des Gemeinschaftsverbandes gewählt. Er hat das Vertrauen, das man mit dieser Wahl ihm erzeigte, nie enttäuscht und sich in diesem verantwortungsvollen Amt allezeit bewährt. Der Landeskirche gegenüber verfocht er die Freiheit und organisatorische Selbständigkeit der Gemeinschaften. Diese aber mahnte er, daß sie ja nicht – statt einer »Pastorenkirche« – eine »Predigerkirche« würden.

Alfred Roth war von einer herzlichen Bruderliebe erfüllt. Seine Mitarbeiter im Gemeinschaftsverein haben ihn nie als »Vorgesetzten« empfunden. Die Rundbriefe, die er schrieb, brachten Wegleitung, Stärkung und Trost. Am Schluß des Briefes vom 1. 9. 1939, dem Tag des Ausbruchs des Zweiten Weltkrieges, hieß es: »Meine teuren Brüder, ich umarme Euch im Geist, meine Gedanken sind bei Euch und Euren Familien und Euren Arbeitsfeldern. Ich erinnere Euch daran, wie oft ich gesagt habe: ›Christus hat den Schlüssel zu jeder Situation.‹ Es grüßt herzlichst Euer Bruder Alfred Roth.«

Das letzte Rundschreiben an die Gemeinschaften vor Kriegsende zum Neujahr 1945 hatte den folgenden Wortlaut:

»*Wir rühmen, daß du uns hilfst, und im Namen unseres Gottes werfen wir Panier auf*‹ (Ps. 20, 6).

Liebe Brüder und Schwestern! Wir können es nicht lassen, Euch ein Wort des Grußes und der Stärkung zum neuen Jahr zuzusenden. Es ist uns eine Zeugnispflicht, die wir mit Freuden erfüllen, so vieles auch auf uns drückt und an uns reißt. Die im Glauben stehen an Gott und seinen Sohn Jesus Christus, haben immer noch etwas zu rühmen, wenn ihnen auch alles genommen würde. Das hat sich in allen schweren Zeiten gezeigt, und das zeigt sich auch heute. Wenn es zum Äußersten kommt, werden wir erst recht unseres Gottes gewiß. Wenn Leib und Seele uns verschmachtet, ist Gott erst recht unsere Freude und unser Trost (Ps. 73, 26). Wenn uns jeder andere Grund unter den Füßen genommen wird, werfen wir den Anker tiefer in den Grund hinein, der ihn ewig hält. Das ist das Wunder des Glaubens an Christus! Das Haupt, an dem wir hangen, teilt uns, seinen Gliedern, im letzten Zerbrechen unseres eigenen Vermögens seine Siegeskräfte mit.

Viele aus unseren Reihen sterben jetzt einen gewaltsamen Tod, im Luftschutzkeller oder draußen am Feind. Es liegen Zeugnisse von manchen von ihnen vor, die uns dieses Wunder des Glaubens an Christus aufs neue künden. Ein junger Bruder, der im Osten kämpfte und am 15. Oktober 1944 fiel, schrieb kurz vor seinem Tod seinen Lieben in der Heimat: ›Wie es auch noch gehen möge, ich habe meinen Spruch: Bestürmen dich unzählige Rätsel, die eng mit deiner Not verbunden, für die in dem bisherigen Lichte noch keine Antwort du gefunden – so wag's mit diesen deinen Nöten ins Allerheiligste zu gehn: mit Gott allein in heil'ger Stille lernst auch das Schwerste du verstehn.‹

Wer hat diesem dem Tod geweihten Bruder dieses Licht über die allerbängsten Fragen gegeben? ›*Bis daß ich ging ins Heiligtum!*‹ (Ps. 73, 17). Das ist unsere Herrlichkeit, ›daß wir einen starken Trost haben durch den Anker der Hoffnung, der hineingeht in das Inwendige des Vorhangs« (Hebr. 6, 18. 19). – Solches Rühmen unserer vollendeten Brüder ist ein Zuruf aus der Wolke der Zeugen an uns, mit neuem Mut im neuen Jahr das Panier aufzuwerfen, den Glaubensweg weiterzugehen im Aufschauen auf Jesus, den Anfänger und Vollender des Glaubens, und Entbehrungen, Heimatlosigkeit, Elend und Tod ›nicht zu achten gegenüber der Herrlichkeit, die an uns soll offenbart werden‹. –

Liebe Brüder und Schwestern! Immer noch ist auch die Möglichkeit vorhanden, uns zu zweien oder dreien im Namen Jesu zu versammeln und in dieser Gebetsgemeinschaft hineinzudringen in das Inwendige des Vorhangs, in das, was hinter der Zeitlichkeit liegt, in die ewigen Dinge, ins Allerheiligste der Gegenwart Gottes in Christus Jesus, unserm Herrn. Laßt uns auch im neuen Jahr reichlich davon Gebrauch machen!«

Die Bruderliebe machte Roth zu einem treuen Seelsorger seiner Mitarbeiter und anderer Menschen. Seine Rundbriefe hatten immer eine seelsorgerliche Note. Bei den Sitzungen und Arbeitskonferenzen machte er durch sein Wort und Zeugnis den Brüdern Mut zur Arbeit und zum Durchhalten. Ich erinnere mich noch gut eines Wortes, das er bei der Besprechung einer schwierigen Situation aussprach: »Brüder, ich glaube nicht nur an Wunder, ich lebe von Wundern!« Eines seiner geflügelten Worte war: »Wasser der Trübsal verrauschen, vergehen, Jesus, mein Heiland, bleibt ewig bestehen!« Einer der mitarbeitenden Brüder, dessen Frau nach langer, schwerer Krankheit starb, bezeugt: »Welchen Anteil nahm Bruder Roth an meinem persönlichen Leid! Wie hat er mit mir getragen! Was bedeutete mir ein Brief von ihm! Wie warm war sein Händedruck, wenn ich ihn besuchte!«

*Der Schriftforscher und Verkündiger*

Alfred Roth war ein tiefschürfender Schriftforscher. Worte der

Bibel, über die viele gedankenlos hinweglesen, holte er aus der Verborgenheit hervor und brachte sie so zum Leuchten, daß sie sich unauslöschlich einprägten. Seine Bibelbetrachtungen erschienen in verschiedenen christlichen Blättern. Größere Arbeiten sind in Buchform herausgekommen, darunter Beiträge zur Apostelgeschichte unter dem Titel »An den Quellen des Reiches Gottes«. Alfred Roths letztes Werk trägt den Titel »Ich habe noch . . .« Der Untertitel heißt: »Züge aus dem Leben des Propheten Elia.« Die Darstellung ist wie immer meisterhaft und reich an eindrucksvollen Formulierungen. »Gott gibt seine Visitenkarte ab«, so lautet die Überschrift über das erste Kapitel. Darin wird das Auftreten des Propheten vor Ahab, dem das göttliche Gericht angedroht wird, behandelt.

Wie in der schriftlichen Auslegung, so war Alfred Roth auch in der mündlichen Verkündigung eine anschauliche Redeweise eigen. Er vermied abgegriffene Vokabeln. Manche Sätze blieben lange haften. So sagte er einmal: »Paulus hat das Evangelium nicht in die Welt hineinorganisiert, sondern hineingelitten.« Es ist nicht verwunderlich, daß Roth als Redner bei allerlei Versammlungen und Konferenzen sehr begehrt war. Trotz viel körperlicher Anfälligkeit und Schwachheit war er oft auf Reisen in Deutschland und auch in der Schweiz unterwegs.

Weil Alfred Roth in der Schrift verwurzelt war, hatte er auch die Gabe, die Geister zu unterscheiden und die Zeichen der Zeit zu erkennen. Als die Pfingstbewegung in Kassel 1907 eine heillose Verwirrung in den Gemeinschaftskreisen anrichtete und auch ältere, erfahrene Brüder vorübergehend mitriß, verfolgte der damals erst Fünfundzwanzigjährige eine klare biblische Linie und war ein Wellenbrecher gegenüber der schwärmerischen Bewegung. Damals erschien sein erstes Buch, das sich kritisch mit den Geschehnissen befaßte und den Titel trug: »War es von Gott?«

Einen ähnlich klaren Blick hatte Alfred Roth auch für das Wesen der nationalsozialistischen Bewegung, die rund 25 Jahre später mit ihrer Parole vom »positiven Christentum« auch ernste Christen betörte und betrog. Er blieb nüchtern. Einer, der ihn gut kannte, sagte von ihm, daß er in jener Zeit zu den am besten unterrichteten Männern der Gemeinde Jesu gehört habe. Er gab vielen schwankenden Christen Halt und wagte auch das offene Bekenntnis. Er wäre wahrscheinlich wie andere im Konzentrationslager gelandet, wenn er nicht durch eine schwere Erkrankung von dem Zugriff der Geheimen Staatspolizei verschont geblieben wäre. Er machte sich in den Jahren 1933–1945 Notizen über die Vorgänge im Dritten Reich, wie er sie sah und beurteilte. Diese brachte er zwei Jahre nach dem Zusammenbruch 1947 unter dem Titel »*Nebel*« und dem Untertitel »Nachdenkliche Betrachtungen über eine Zeitrichtung« heraus. Es ist hochinteressant zu lesen und festzustellen, wie klar und richtig Alfred Roth in der Hitlerzeit die Vorgänge beobachtet und beurteilt hat. Er ließ sich nicht »vernebeln«, sondern lebte über dem »Nebel« unter dem »Licht von oben«.

## Der fruchtbare Schriftsteller

Schon früh ist Roth als Schriftsteller hervorgetreten. Im Jahre 1900 erschien seine erste Veröffentlichung in einer Berliner Zeitschrift. Er war damals erst 17 Jahre alt. 1908 kam, wie schon oben erwähnt, sein erstes Buch heraus. Er schrieb Artikel über Fragen des Glaubens, der Heiligung, der Schwarmgeisterei usw., die von manchen christlichen Blättern übernommen wurden. Dann begann er, auch Bücher mit kleineren und größeren Erzählungen zu veröffentlichen. Diese wurden gern gelesen und erlebten oft mehrere Auflagen. Dabei war das Hauptanliegen nicht die Unterhaltung, sondern das Zeugnis. Jemand hat seine Erzählungen »Buchgewordene Evangelisationen« genannt. Die Titel verraten schon den Inhalt: »Die da hungern und dürsten«, »Die mit Tränen säen«, »Deren Stärke in Gott ist«, »Im Sprechzimmer des Großen Arztes«, »Der Schatz in irdenen Gefäßen« u. a. In diesen Büchern klingt manchmal etwas von Roths eigener harter Kindheit und Jugendzeit an. Er verstand es, mit dichterischer Kraft Menschenschicksale darzustellen und das Werben und Wirken Gottes an Menschenseelen aufzuzeigen. Er gestaltete Personen und Ereignisse farbig und greifbar.

Ein besonderes Verdienst Alfred Roths war es, daß er das Leben und Wirken einer ganzen Reihe von gesegneten Männern und Frauen des Reiches Gottes in anschaulichen Lebensbildern festgehalten und damit der gläubigen Gemeinde kostbare Schätze dargereicht hat. Es erschienen nicht nur die Lebensbilder von den Menschen, die ihm besonders nahestanden, wie Otto Stockmayer, Leopold Wittekindt und Eva von Tiele-Winckler, sondern auch von anderen »Bannerträgern des Reiches Gottes«. Es seien nur einige genannt: August Hermann Francke, Johannes Goßner, Adolf Monod, Hudson Taylor, Charles Haddon Spurgeon und Hedwig von Redern.

Eine kleine Probe der eindrucksvollen Darstellungsweise Alfred Roths soll gegeben werden. In seinem Buch über Leopold Wittekindt schildert er, wie er am frühen Morgen des 2. Januar 1924 an die Totenbahre des heimgegangenen Freundes und Mitkämpfers trat: »Am Morgen des Begräbnistages durfte ich noch einmal in die Totenkammer hineintreten. Die ersten Strahlen der Wintersonne blitzten auf den vereisten Fenstern, als wir das Linnen von dem teuren Angesicht voll stillem Frieden hinwegzogen. Ich mußte dabei an den Vers denken: ›Sie gehen hin und liegen wie Streiter nach dem Siegen!‹ Auf seinen gefalteten Händen lag ein großer Kranz mit Palmen, ein letztes Geschenk des Hessen-Nassauischen Gemeinschaftsvereins. Er trug die so überaus passende Inschrift: ›Jesus ist Sieger! Halleluja!‹«

*Zur oberen Schar*

Alfred Roth liebte von ganzem Herzen die Glieder der Gemeinde Jesu. Besonders nahe standen ihm die hessischen Gemeinschaften. Er unterhielt aber auch viele Kontakte mit führenden Brüdern, so mit den Evangelisten Elias Schrenk und Ernst Modersohn, dem Seelsorger Johannes Seitz, dem Präses des Gnadauer Verbandes D. Walter Michaelis, dem Schriftforscher Alfred Christlieb und anderen. Besonders verbunden fühlte er sich mit der »Mutter der Barmherzigkeit«, Eva von Tiele-Winckler, in deren Liebeswerk, dem »Friedenshort« in Miechowitz (Oberschlesien), er als Mitglied im Vorstand mitarbeitete.

Alfred Roth trug zeitlebens die Last einer angeschlagenen Gesundheit. Die Jahre des Zweiten Weltkrieges, bei dessen Bombenangriffen auch seine Kasseler Wohnung in Trümmer sank, machten ihm hart zu schaffen. Die Kräfte des rastlos Tätigen verzehrten sich durch die mancherlei Sorgen und Leiden mehr und mehr. Er spürte das und stellte sich auf den Heimgang ein. Als ihn damals ein ihm nahestehender Bruder besuchte, sagte er zu diesem: »Nun habe ich noch eins vor mir, das Sterben.« Der Besucher stärkte ihn mit dem Wort eines heimgegangenen Bruders, der vor seinem Tode sagte: »Ich habe keine Erfahrung im Sterben, aber ich habe einen Heiland, der Erfahrung hat, Sterbenden zu helfen.«

Mit 67 Jahren wurde Alfred Roth, der gesegnete Zeuge Jesu Christi, versammelt zur »oberen Schar«. Im Mittelpunkt der Trauerfeier stand das Schriftwort, das so bezeichnend für sein Leben und Wirken war: »*Wir haben aber solchen Schatz in irdenen Gefäßen, auf daß die überschwengliche Kraft sei Gottes und nicht von uns*« (2. Kor. 4, 7).

Karl Rübsamen

# Willi Hennes

*Geb. 21. 2. 1883 in Köln. Oberinge-nieur und 1. Konstrukteur bei den Deutzer Motorenwerken. 1925 Aufgabe des Berufes. Mitarbeiter von Pastor Joseph Gauger in Wuppertal im »Licht und Leben«-Verlag und im Evangelischen Sängerbund. 1932 hauptamtlicher Bundeswart des Sängerbundes. 1936 dessen Geschäftsführer, 1939 bis 1962 Bundesvorsitzender. Gest. 23. 1. 1966.*

## Die Jahre in Köln

Als Schuljunge hat Willi Hennes oft einen unbeschwerten rheinischen Frohsinn an den Tag gelegt. Ein gesunder Humor ist ihm sein Leben hindurch eigen gewesen.

Von einem Schulfreund bekam er ein Kaninchenpärchen geschenkt. Eines Tages brachte das Muttertier 12 Junge zur Welt. Die mußten doch Namen haben! Willi griff zur Bibel, und in zwei Minuten war das Problem gelöst. Die Namen der 12 kleinen Propheten von Hosea bis Maleachi retteten ihn aus aller Namensnot!

Anläßlich eines Jahreswechsels schickte Willi an einige liebe Mitmenschen Neujahrskarten. So erhielt sein Klassenlehrer Geißler eine Karte mit einer Geiß, deren erhobenes Schwänzchen mit der Silbe »ler« verlängert war. Diese originelle Weise, dem Lehrer seine Zuneigung zu bekunden, hatte allerdings am ersten Tag nach den Ferien ein für Willi betrübliches Nachspiel.

In dem von ihm gewählten Beruf als Techniker kam Willi Hennes rasch voran. Die Motorenwerke in Köln-Deutz waren in ganz Europa und darüber hinaus bekannt. So blieb es nicht aus, daß Hennes zur Aufstellung neuer Motoren oder zur Überprüfung älterer Geräte in viele Länder Europas reiste und dort mit Menschen aus allen Schichten, vom Karussellbesitzer bis zum Postminister, in Berührung kam. Dabei ergaben sich für ihn viele Gelegenheiten, einerseits die gnädigen Führungen und Bewahrungen Gottes zu erleben und zum andern ein Zeugnis von Jesus in Wort oder Wandel abzulegen. So fiel er bei einem Galaempfang in Budapest dadurch auf, daß er als einziger Gast keinen Alkohol zu sich nahm und die kostbarsten ungarischen Weine verschmähte.

Wie groß das Vertrauen der Firma zu ihrem Mitarbeiter war, geht daraus hervor, daß Willi Hennes für längere Zeit in die Vereinigten Staaten entsandt wurde, um dort für die Motorenwerke tätig zu sein. In dieser Zeit benutzte er jede freie Stunde, um sich schon damals eigene Eindrücke vom amerikanischen Rassenproblem zu verschaffen, wobei er besonders den religiösen Aspekt durch den Besuch von Negergottesdiensten zu erforschen versuchte.

So vielseitig und vielversprechend die berufliche Tätigkeit von Willi Hennes war, er ist darin nicht aufgegangen. Seit seiner Bekehrung stand es für ihn fest, daß er dem Reich Gottes zu dienen habe. Er beteiligte sich zunächst an der Blaukreuz-Arbeit – 20 Jahre hindurch. Die Liebe Jesu trieb ihn, hart gebundenen Trinkern nachzugehen. Davon ließ er sich auch nicht in gefährlichen oder aussichtslos erscheinenden Situationen abbringen.

## Im Dienst der »Evangelischen Gesellschaft«

Solche Arbeit blieb nicht unbeachtet, zumal Willi Hennes auf zahlreichen kleinen und großen Blaukreuz-Veranstaltungen das Evangelium verkündete und sich dabei als ein guter und begabter Bote der Frohen Botschaft erwies. So war es nicht verwunderlich, daß Pastor Joseph Gauger, der Direktor der Schriftenmission der »Evangelischen Gesellschaft für Deutschland« in Wuppertal, an Hennes herantrat und ihn als Mitarbeiter warb. Zu jener Zeit bestand die Evangelische Gesellschaft aus vier Arbeitszweigen: Zuerst aus der eigentlichen Gemeinschaftsarbeit, der Gebietsmission, die schon 1848 begonnen worden war. Aus dieser Arbeit entstand die Schriftenmission sowie die Verlagsbuchhandlung. Als dritter Zweig ist die »Licht und Leben« Arbeit zu nennen, und schließlich war es der Dienst des Evangelischen Sängerbundes, den Gauger als Schatzmeister und späterer Vorsitzender mit in seine Verwaltung hineingenommen hatte.

In die beiden letzteren Aufgabenbereiche stieg Willi Hennes nun ein. Für »Licht und Leben« wirkte er nicht nur durch geschriebene Beiträge. Das damals wöchentlich erscheinende und vielgelesene Blatt hatte einen eigenen Evangelisten. Mit der evangelistischen Reisetätigkeit konnte Willi Hennes vortrefflich einen Besuchsdienst bei den Gemeinschafts-Chören verbinden. Dieser bot ihm so viele Möglichkeiten zur Vervollkommnung und besseren Fundierung der Arbeit am gesungenen Evangelium, daß er mit diesem Zweig seiner neuen Tätigkeit immer fester zusammenwuchs, bis er sich ihm ganz zuwandte.

Das bedeutete keineswegs einen Bruch mit Pastor Gauger. Dazu kam es auch nicht, als Willi Hennes 1936 als gewählter Geschäftsführer des Evangelischen Sängerbundes diesem ein eigenes Haus beschaffte und so den Bund organisatorisch von der Arbeit der Evangelischen Gesellschaft wieder trennte. Joseph Gauger blieb weiterhin der Vorsitzende des Evangelischen Sängerbundes, und das Verhältnis zwischen den beiden Brüdern blieb herzlich – bis auf eine vorübergehende Trübung, von der wir kurz berichten wollen.

## In die Politik?

In den Jahren nach dem Ersten Weltkrieg war die politische, soziale und geistige Lage unseres Volkes immer notvoller geworden. Um mit Abhilfe zu schaffen, hatte sich der »Christlich-Soziale-Volksdienst« gebildet, der als Partei auch in den Reichstag einzog. Bei der Wahl im September 1930 wurde Willi Hennes als Vertreter der damaligen Rheinprovinz in den Reichstag gewählt. Zugleich wurde er Landesvorsitzender der Partei. Das war eine Gewissensentscheidung, die er allein treffen und verantworten mußte.

Der Vorstand des Evangelischen Sängerbundes und besonders Pastor Gauger mißbilligten diesen Schritt und baten Hennes um die Niederlegung des Reichstagsmandates. Als dieser darauf nicht einging, verschoben sich die Schwerpunkte seiner Arbeit. Wenn es bisher hieß: je zur Hälfte »Licht und Leben« und Sängerbund, so hieß es jetzt: je zur Hälfte Reichstag und Sängerbund. Als Hennes in dieser Sache immer wieder hart bedrängt wurde, legte er schließlich im Oktober 1932 Mandat und Landesvorsitz nieder, während man ihm zugestand, seinen Sitz im Rheinischen Provinzial-Landtag zu behalten. Der Vorstand des Sängerbundes bestätigte Willi Hennes, daß er in den beiden Jahren die Arbeit im Bund nicht vernachlässigt, sondern treu getan habe. Es kam jetzt zu seiner hauptamtlichen Anstellung als Bundeswart im Sängerbund und damit zur Entfaltung seiner eigentlichen Lebensaufgabe. Die Mitarbeit bei »Licht und Leben« wurde aufgegeben.

## Bundeswart und Vorsitzender im Evangelischen Sängerbund

Als dieser Bund 1898 gegründet wurde, legte man in den Satzungen als vornehmste Aufgabe fest, dem Volk das Evangelium von Christus ins Herz zu singen. Damit war eine kristallklare Dienstanweisung gegeben. Als Bundeswart hielt sich Hennes konsequent daran. Als er 1939 nach dem Tod von Pastor Gauger zum Vorsitzenden des Sängerbundes gewählt wurde, ging er den vorgezeichneten Weg erst recht unbeirrt weiter. Um für seine Aufgabe musikalisch besser gerüstet zu sein, hatte Hennes bei Professor Friedrich Wilhelm Franke in Köln Unterricht genommen. Eine Ausbildung als Prediger dagegen hat er nie gehabt. Um so erstaunlicher war es, wie er die Botschaft vom Sünderheiland in einer sehr volkstümlichen Weise verkündigte. Seine Ansprachen wirkten oft wie ein vertrautes Gespräch von Mensch zu Mensch. Er war nie oberflächlich, sondern hielt sich ganz hart an die Aussagen der Bibel, deren Inhalt er in unermüdlichem Studium zu erfassen und zu erkennen bemüht war. Er besaß wirklich eine ausgesprochene Gnadengabe, die er in unzähligen Versammlungen, bei Festen und Konferenzen fröhlich entfaltete.

Mit dem Verkündigungsdienst fühlte er seine Zeit und Kraft aber bei weitem nicht ausgefüllt. So wurden die zahlreichen Singwochen und Chorleiterkurse, die er gehalten oder mitgehalten hat, zu einer besonderen Stätte seiner Wirksamkeit. Hier konnte er eine ganze Generation von Sängern dazu erziehen, ein Lied nicht nur inhaltlich, sondern auch in der Darstellung ganz vom Wort Gottes her zu erfassen und weiterzugeben. Dieses Ziel wurde noch durch die täglichen Bibelarbeiten sehr unterstrichen, die er meist selbst hielt.

Natürlich ließ Willi Hennes es sich nicht nehmen, während seiner Amtszeit ein sehr wachsames Auge auf die Auswahl der Sängerbundlieder zu werfen. Beachtlich war immer seine Strenge, mit der er die Texte an der Bibel maß. Wie oft ist er bei Sitzungen und Beratungen mit dem Schreiber dieser Zeilen bei einem Wort oder bei einem Ausdruck hängengeblieben! Er ruhte dann nicht eher, bis der Text eine klare Aussage darstellte. Und wenn das noch nicht ausreichte, dann ließ er sich eine zusätzliche Strophe von Gott schenken, durch die die Botschaft des Liedes ganz abgerundet wurde.

Daß bei all diesen Bemühungen für Hennes das erweckliche Lied im Vordergrund stand, war eine Selbstverständlichkeit. Es erfüllte ihn mit zunehmender Traurigkeit, daß in den letzten Jahrzehnten die Dichter immer seltener wurden, die neue, zeitgemäße evangelistische Texte schreiben konnten.

### Der tapfere Zeuge im Dritten Reich

Das Bild seiner Sängerbundtätigkeit wäre unvollkommen, wenn wir nicht darauf hinweisen würden, daß in die Amtszeit von Willi

Hennes als Bundeswart und Bundesvorsitzender die verhängnisvolle Epoche des Dritten Reiches fiel. An der Seite von Pastor Gauger und später allein legte er eine Unerschrockenheit und einen Bekennermut an den Tag, deren wir uns in der Rückschau nur mit Dankbarkeit und Hochachtung erinnern können. In dem Buch »Dem Volk ins Herz«, das aus Anlaß des 75jährigen Bestehens des Evangelischen Sängerbundes 1973 erschienen ist, haben wir diesem Wesenszug einen breiten Rahmen eingeräumt, weil wir es neben Pastor Gauger in der Hauptsache Bruder Hennes verdanken, daß der Sängerbund in dieser Zeit der stärksten Versuchung und Anfechtung keinen Schritt vom klaren biblischen Weg abgewichen ist.

Ein markantes Beispiel darf hier nicht fehlen: Am 1. September 1935 wollte der Evangelische Sängerbund sein Bundesfest in Wuppertal feiern. Dieses Fest wurde zwei Tage vorher von der Geheimen Staatspolizei (Gestapo) verboten. Bruder Hennes ging aufs Ganze und erzwang bei den höchsten Stellen eine Zurücknahme des Verbotes. Es wurden aber folgende Bedingungen für die Durchführung des Festes gestellt: 1. Es darf kein Pastor sprechen. 2. Es darf nichts aus der Bibel vorgelesen werden. 3. Es darf kein Gebet gesprochen werden. 4. Die Gestapo wird das Fest überwachen.

Bruder Hennes leitete das Fest. Saal und Nebenräume waren überfüllt. Die Gestapo saß vor ihm. Jedesmal, wenn ein Gebet oder eine Lesung, wie sie auf dem Programm angegeben waren, ausfallen mußten, legte er eine Pause von ein bis zwei Minuten ein, die von den Teilnehmern zum stillen Gebet genutzt wurden. Die Gestapo war empört, weil dadurch das Verbot in sein Gegenteil verkehrt wurde!

Das Thema des Festes hieß: »Es ist das Heil uns kommen her.« Bruder Hennes sprach über den dritten Teil: »Zeuge für das Heil.« Er sagte u. a.: »Liebe Freunde! In der Preußischen Staatsbibliothek in Berlin ist seit einigen Monaten eine Ausstellung mit musikalischen Handschriften. Dort sah ich das Originalmanuskript der Matthäus-Passion von Johann Sebastian Bach, von seiner eigenen Hand geschrieben. Alle Arien, Choräle und verbindenden Texte sind in schwarzer Tinte geschrieben, dagegen alle Textstellen aus der Heiligen Schrift in roter Tinte. Es ging Bach offenbar darum, Menschenwort und Gotteswort in Abstand zu halten.

Heute mischt man beides, ja, man deutet Menschenwort als Gotteswort. Doch Menschenworte werden vergehen wie Himmel und

Erde; Gottes Worte aber werden nicht vergehen. Das Evangelium ist die einzige Gottesbotschaft an die Welt. In ihm wird der Menschheit das Heil angeboten.

In dieser unserer Feier werden wir alle aufgerufen, für dieses Heil zu zeugen und denen Antwort zu geben, die uns nach unserem Glauben fragen. Die Welt wartet auf unser Zeugnis. Laßt es uns ihr nicht vorenthalten. Seid Zeugen vor allem in eurer Familie. Lest mit euren Kindern die Bibel, betet mit ihnen. Holt die Gesangbücher heraus. Wir haben in ihnen eine Wolke von Zeugen um uns. Seid aber auch Zeugen draußen in eurer Umgebung. Jeder muß selbst an die Front.

Auf dem Eingangstor zu den Olympischen Spielen in Amsterdam stand das Wort: ›Schneller – mutiger – höher hinauf!‹ Schneller! Nur keine Zeit verlieren. Die Menschen sterben darüber. Mutiger! Laßt uns nicht weich werden, sondern bereit sein, uns für solchen Zeugendienst zu opfern. Höher hinauf! Laßt uns nicht mit gleichen Waffen kämpfen wie die andern. Es geht ja nicht um irdisches Gut und weltliche Macht, sondern um das ewige Heil. Das Hochziel stets vor unseren Augen! Wir zeugen für den lebendigen Herrn, unseren Herrn Jesus Christus. Er sei hochgelobt in Ewigkeit!«

## Im Gnadauer Verband und in anderer Reichgottesarbeit

Pastor Gauger hatte sofort nach seinem Eintritt in die Sängerbundarbeit die Verbindung zum »Deutschen Verband für Gemeinschaftspflege und Evangelisation (Gnadauer Verband)« gesucht und erreicht, daß der Sängerbund als eine eigene Organisation in den Verband aufgenommen wurde. Als Mitglied des Gnadauer Vorstandes hatte er als bibelfester Theologe manchen wertvollen Dienst getan. Als Bruder Hennes nach dem Heimgang von Pastor Gauger den Vorsitz im Evangelischen Sängerbund übernahm, trat er auch dessen Nachfolge im Gnadauer Vorstand an.

Neben reger Beteiligung an allen geistlichen Anliegen waren es aber vor allem die musikalischen Belange des Verbandes, bei denen er ein gewichtiges Wort mitredete. Die Erfahrungen, die er als engster Mitarbeiter von Pastor Gauger bei der Herausgabe des »Evangelischen Psalters«, des zu jener Zeit wertvollsten Gesangbuches der Gemeinschaftsbewegung, gesammelt hatte, kamen ihm sehr zugute, als der Gnadauer Verband beschloß, ein gemeinsames Liederbuch für alle seine Mitgliedsverbände herauszugeben, und Bruder Hennes um die verantwortliche Herausgabe mit allen Vor-, Haupt- und Nebenarbeiten bat. Diesem Auftrag hat er sich fröhlich und mit ganzer Hingabe und Gründlichkeit unterzogen. Weihnachten 1949 war das Werk vollendet. Daß es nicht vergeblich war, bezeugen die vielen Auflagen, die das Gemeinschaftsliederbuch seitdem erlebt hat.

Man hat sich oft gefragt, wo Bruder Hennes die Kraft zu seinem Tages- und Lebenswerk hernahm. Bisher erwähnten wir nur als Stätten seines Dienstes die Blaukreuz-Arbeit, die Evangelische Gesellschaft, den Evangelischen Sängerbund und den Gnadauer Verband. Dem sei nun noch hinzugefügt, daß Hennes bereits in seiner Kölner Zeit Leiter des Brüderrates der Landeskirchlichen Gemeinschaften und Vereine von Köln und Umgebung und später viele Jahre der Schriftführer des Rheinischen Gemeinschaftsbundes war.

Seine tiefe Verwurzelung im landeskirchlichen Pietismus, wie er sich in Gnadau sammelt, trieb Hennes zu einer verantwortlichen Mitarbeit auch in der verfaßten Kirche. So kam es, daß er 1925 während des Kampfes gegen den kirchlichen Liberalismus in die Verfassunggebende Kirchenversammlung gewählt wurde. Von Anfang an gehörte er zur »Bekennenden Kirche«, die ihn 1944 zum Predigtdienst ordinierte. Sein Amt als Presbyter seiner Kirchengemeinde nahm er ebenso ernst wie seine Berufung in die Kreis- und Landessynode. Seinen Sitz im »Zentralrat der evangelischen Kirchenchöre« und im »Amt für Gottesdienst und Kirchenmusik« der Rheinischen Kirche nutzte er jederzeit, um die Belange der Gemeinschaften und des Evangelischen Sängerbundes überzeugend zu vertreten.

Daß er zusätzlich zu all diesen Aufgaben noch an dem Aufbau eines der größten kirchlichen Altersheime Westdeutschlands in Wuppertal nicht nur sehr stark beteiligt war, sondern nach der Fertigstellung auch die Leitung dieses Hauses übernahm, sei abschließend erwähnt.

## Willi Hennes als Persönlichkeit

Nach unserem Bericht drängt sich einem förmlich die Frage auf: Wer und wie war dieser Mann im Umgang mit seinen Mitarbeitern und Helfern, mit weltlichen und kirchlichen Behörden und im Umgang mit den Brüdern?

Es gibt Menschen, denen alle zufallen und beipflichten. Zu ihnen gehörte Bruder Hennes nicht. Er war eine Kämpfernatur, die mehr schwere als leichte Kämpfe auszufechten hatte. Anläßlich seiner

Beerdigung bezeugten es viele Brüder aus Kirchen- und Gemein-schaftskreisen, daß er kein bequemer Mann gewesen sei. Aber auch das wurde ausgesprochen, daß er dann am »unangenehmsten« wurde, wenn es um Dinge ging, die ihm zur Ausbreitung des Rei-ches Gottes unumgänglich nötig oder aber schädlich erschienen. Da konnte er so hart werden, daß es ohne Gegnerschaft nicht abging. Diese ertrug er, wenn nur Gottes Sache nicht verraten wurde.

Den Humor hat er nie verloren, wenn er natürlich auch nicht in der unbeschwerten Fröhlichkeit seiner Jugend geblieben ist. An leid-vollen Führungen hat es nicht gefehlt. So traf es Willi Hennes schwer, als im Zweiten Weltkrieg im April 1943 ein Sohn vor Le-ningrad und im Dezember 1944 der andere, ein junger Pastor, in Rumänien fiel. Auch erschütterte es ihn sehr, als 1943 das Bundes-haus des Evangelischen Sängerbundes in Wuppertal-Elberfeld durch einen Bombenvolltreffer so gründlich zerstört wurde, daß er und seine beiden Mitarbeiterinnen am nächsten Morgen nicht mehr den Platz bestimmen konnten, wo das Gebäude am Vortag noch gestanden hatte.

Freude und Leid, Erfolg und Mißerfolg, Kampf und Sieg waren die Begleiter im Leben dieses tatkräftigen Mannes. Eins aber blieb immer gleich: der Blick nach oben. Besonders gern und oft hat Willi Hennes die Strophe angestimmt:

Nun aufwärts froh den Blick gewandt
und vorwärts fest den Schritt.
Wir gehn an unsers Meisters Hand,
und unser Herr geht mit.

Martin Leuchtmann

# Paulus Scharpff

*Geb. 23. 9. 1885 in Liestal/Schweiz als achtes Kind eines methodistischen Reisepredigers. Häufiger Wohnungswechsel: Heilbronn, Ludwigsburg, Mannheim und Nürnberg (dort Abitur). Persönliche Heilserfahrung 1902 auf einer »Ferientour« in Langensteinbach/Baden. Studium der Theologie, Philologie und Philosophie in Erlangen, Berlin und Marburg. 1910–1913 Probepredigerzeit in Straßburg und Kolmar. Kriegsteilnehmer 1914–1918. 1919 Dr. phil. 1921–1958 Lehrer am Methodistischen Predigerseminar in Frankfurt/Main (Sprachen, Kirchengeschichte und Psychologie). Im Zweiten Weltkrieg nebenamtlich Pastor und Superintendent (1942–1948). Wichtigste Veröffentlichung: »Geschichte der Evangelisation« (1964). Gest. 14. 2. 1965*

## Jahre des Lernens

Wie bei manchem einflußreichen Mann steht auch bei Paulus Scharpff am Anfang eine prägende Mutter. Die Kinder haben ihr in einer Lebensbeschreibung mit dem Titel »Viel Frucht« ein Denkmal gesetzt. Dort liest man: »Das Leben unserer lieben Mutter ist leuchtend niedergegangen, um in der Herrlichkeit noch reiner und leuchtender zu erstehen. Ihr Vorbild ist uns und andern zu großem Segen geworden . . .« Bereits als Kindermädchen darf sie in einer kleinen Gemeinde zur »Lydia« werden. Ihre Kinder erleben später in der großen Predigerfamilie eine tiefe Geborgenheit trotz der vielen Umzüge und der Anspruchslosigkeit im Lebensstil, der sich Eltern und Kinder entsprechend den Verhältnissen befleißigen. Scharpff kann sich noch Jahrzehnte später an den guten Geschmack trockenen Bauernbrotes erinnern, das er nach einem Besuch im Freibad kaufen darf, oder an gute Birnen, die man ihm im nachbarlichen Garten anbietet. Allerdings setzt er im Rückblick hinter die puritanische Strenge des Elternhauses auch Fragezeichen, weil sie ihn im Gymnasium des öfteren von den Klassenkameraden isoliert.

Andererseits bewahrt sie ihn aber nach eigenem Zugeständnis auch vor mancher Versuchung.

Der Heranwachsende ist tief beeindruckt von der herzlichen, opferwilligen Frömmigkeit, die er in Gemeinde und Familie erlebt. Das elterliche Zuhause ist offen für jedermann; es wird viel gesungen und Gastfreundschaft geübt.

Seine Bekehrung auf der »Schülerferientour« in Langensteinbach nennt Paulus Scharpff selbst die folgenreichste Weichenstellung seines Lebens. Der Unterprimaner hat schon viele Predigten gehört. Doch tiefere religiöse Gefühle sind dadurch nicht geweckt worden, was seinen geliebten Sonntagsschullehrer sehr traurig macht. »Jesus stand noch vor der Tür«, urteilt Scharpff selbst. Doch diese Schülerfreizeit, von Karlsruher Studenten unter Mitwirkung des jungen Ortspfarrers Theodor Böhmerle veranstaltet, völlig abseits von der gewohnten Umgebung, greift tief in das Leben des jungen Mannes ein. Wichtig ist, daß es nicht Gefühle sind, sondern Bibelworte wie Philipper 4, 4 und Johannes 10, 11, die diese Änderung bewirken: »Es war mir, als ob mir unter der Verkündigung eine Stimme zuflüsterte: Wenn du in dieser Gleichgültigkeit bleibst, ist dein Leben verloren für Zeit und Ewigkeit. Aber wenn du Jesus folgst, bekommst du Leben und volles Genüge. Danach entschloß ich mich, mit der Nachfolge Jesu ernst zu machen«.

Die unmittelbare Folge ist, daß er fortan den Tag mit einer Bibellese beginnt »und das Gelesene zum Gebet macht«. In Nürnberg findet er sofort Kontakt zu einem Schülerbibelkreis. Später an der Universität wird die Deutsche Christliche Studenten-Vereinigung (DCSV) seine geistliche Heimat. In Berlin wählt man ihn in den Vorstand der dortigen Gruppe. Vielen später bekannten christlichen Persönlichkeiten begegnet er dort, wie F. v. Bodelschwingh, G. Michaelis, H. Lilje und K. Heim. In der Folge öffnen sich ihm auch Türen zu Erweckungskreisen im Ausland, so zu dem gläubigen Verleger R. C. Morgan in London. Als Dolmetscher begleitet er Robert Wilder von der studentischen Missionsfreiwilligenbewegung an zwölf deutsche Universitäten. Seine Kommilitonen delegieren ihn 1908 zu einer studentischen Weltmissionskonferenz nach Liverpool.

Er berichtet darüber: »Etwa 3000 Teilnehmer nahmen erregt Anteil an den Berichten aus der Arbeit der Äußeren Mission, die ihrem Höhepunkt zustrebte. Es war ja nur zwei Jahre vor der Edinburger Missionskonferenz, aus der der Weltmissionsrat hervorging. Die ›offenen Türen‹ im Fernen Osten bewegten viele, als Missionare hinauszugehen. In genialer Weise leitete John Mott, damals in seinen besten Jahren stehend. Wie ein Feldherr stand er vor uns mit der Frage: ›Willst auch du an den großen Schlachten des Königreiches Jesu teilnehmen?‹ Mit Begeisterung sang man das Lied: ›Krönt ihn, krönt ihn zum Herrscher aller Welt‹. Auch ich unterschrieb einige Zeit danach das einzige Gelübde meines Lebens: ›Es ist mein Vorsatz, wenn Gott es zuläßt, Missionar zu werden.‹«

Nach diesen Erfahrungen verwickeln Paulus Scharpff die Studienjahre in Marburg in schwere innere Kämpfe, ohne ihn allerdings in seinem Glauben irre werden zu lassen. Eine besondere Rolle erkennt er Professor Wilhelm Herrmann zu, der von der Auferstehung Christi nichts wissen will und ein Beten zu Jesus als Ahnenkult bezeichnet (»da könnte ich genauso gut zu meiner verstorbenen Großmutter beten«).

Scharpff berichtet: »Eines Tages besuchte ich ihn in seinem Studierzimmer und sagte: ›Herr Professor, Sie haben in Ihren Dogmatikvorlesungen viel vom Erleben Gottes gehandelt. Darf ich bitten, mir zu sagen, welche Art Erleben Sie eigentlich meinen?‹ Er gab mir das Beispiel eines Studenten der Theologie, der auf einer Wanderung in den Alpen mit einer alten Frau zusammentrifft, die eine schwere Last trägt. Er hilft ihr tragen und kommt in ein religiöses Gespräch. Sobald er von Jesus spricht, leuchten ihre Augen, und sie sagt: ›Ja, wenn ich den nicht hätte, wäre mein Leben untragbar.‹ Darauf ich: ›Gottlob kenne ich ähnliche Erlebnisse; aber was kann dies einem Studenten nützen?‹ Seine Antwort: ›Jedesmal, wenn er an Gott zweifelt, erinnert er sich daran, daß er einmal in einem Menschen Gott erlebt hat.‹ Darauf ich: ›Aber alle meine ähnlichen Erlebnisse hatte ich mit Leuten, die in Ihrem Sinn bibelgläubig und konservativ an den Heiland glaubten.‹ Er erwiderte: ›Ich nicht.‹«

Scharpff erzählt auch, wie nach Vorlesungen Herrmanns, die auch der junge Karl Barth besucht (1909), einige Amerikaner in Begeisterung ausbrechen: »He is full of Christ« (Er ist erfüllt von Christus).

Später, als Scharpff Gastvorlesungen in den USA hält, sagt man ihm dort: »Wir hassen diese deutsche Theologie. Sie hat vieles in den amerikanischen Kirchen ruiniert.« Freilich: Als der Besucher ebendort auch Vorlesungen über Fragen der Wiederkunft Jesu halten will, wehrt man entsetzt ab: »Darüber können Sie in diesem Land nicht reden.«

Es ist deutlich geworden, wie sich im Leben von Paulus Scharpff schon früh eine missionarische Stoßkraft abzeichnet.

Im Vorwort zu seinem Arbeitsbüchlein »Das Christuszeugnis von Mensch zu Mensch«, das sieben Auflagen erlebt und in Verbindung mit einem »Merkblatt für Christuszeugen« auf Anregung der Ev. Allianz Frankfurt erscheint, schreibt er: »Der Verfasser hat während mehr als fünf Jahrzehnten in verschiedenen Ländern bei mancherlei Evangelisationen mitgewirkt, innerhalb und außerhalb der Kirchen, bei Zelt- und Volksmissionen, in Gefängnissen und in der Gruppenbewegung. Dabei kam er zu der Überzeugung, daß Evangelisationen und Volksmissionen viel radikaler auf die der Kirche entfremdeten modernen Menschen umschalten und daß vor allem alle lebendigen Gemeindeglieder zur Mitarbeit zugerüstet werden sollten.«

Wer Scharpff selbst erlebt hat, weiß um seine feurige, impulsive Redeweise und um die männliche Art seines Auftretens, die ihn gerade als Evangelist nachhaltig wirksam sein läßt. Evangelisation in Theorie und Praxis ist zweifellos der rote Faden, der sich durch seine Lebensarbeit zieht. Seine weiten Reisen nach den USA, nach Ägypten, Palästina und anderen Ländern und die Begegnungen mit vielen anderen Zeugen Jesu geben ihm die Weite des Blicks und die Aufgeschlossenheit für jede christozentrische Arbeit, in welchem kirchlichen Bereich und in welcher äußeren Form sie auch geschehen mag. So interessieren ihn neben der klassischen Evangelisation z. B. auch die evangelischen ordensmäßigen Bruderschaften, die er für ein Sammelwerk eingehend beschrieben hat. Daneben gibt er das Buch »Mit der Seele erschaut« heraus. Es handelt sich um Tagebuchblätter seines allzu früh durch den Krieg weggerafften Freundes Dr. Fritz Rösch, eines hochbegabten Missionars unter den Kabylen im damals französischen Nordafrika.

Auch Scharpffs Doktorarbeit hat mit der Mission zu tun. Nur weil die Missionsbehörde seiner Kirche wünscht, daß er vor seinem Auszug als Missionar nach Neuguinea den Doktorgrad erwerben soll, steuert er dieses Ziel an. Als die Arbeit schon weit fortgeschritten ist, stellt sich heraus, daß ein Holländer bereits über dasselbe Thema promoviert hat. Erst nach dem Ersten Weltkrieg kann er eine neue Arbeit zu Ende bringen, weshalb er von einer »genommenen« und einer »geschenkten« Doktorarbeit spricht.

Als Hauslehrer in einem Schloß bei Graudenz in Westpreußen lernt

Scharpff die ostdeutsche Erweckungsbewegung kennen und bekommt manche praktische Lektion in Evangelistik. Einmal sind Adlige und Bauern einträchtig zu einem dörflichen Missionsfest zusammengeströmt. Scharpff sitzt in einem Bauernhaus beim Mittagessen, als ihn der gläubige Lehrer mit den Worten abholt: »Kommen Sie, Herr Kandidat, mit mir zum Wirtshaus, wo viele die Mittagsrast halten. Wir müssen ihnen ein Zeugnis geben. Auch dort muß der Geist des Tages bewahrt bleiben.« Als Anfänger zögert er. Doch der andere meint: »Wer dem Herrn Jesus sein Leben gegeben hat, kann überall und jederzeit für ihn zeugen.« Scharpff stellt dankbar fest: »Dort lernte ich mehr als in manchem Seminar für praktische Theologie.«

*Fehler beim persönlichen evangelistischen Zeugnis vermeiden!*

Hier ist es eine sinnvolle Gelegenheit, einen kurzen Auszug aus Scharpffs Schrift »Das Christuszeugnis von Mensch zu Mensch« zu bringen. Das Heft ist voll positiver, helfender und mutmachender Hinweise und Ratschläge. Hören wir Paulus Scharpff:

»Durch eine fehlerhafte Einstellung und durch falsches Verhalten verlaufen viele religiöse Gespräche fruchtlos und unbefriedigend. Deshalb hüte dich vor folgenden Fehlern beim Gespräch:

a) Hüte dich vor einem solchen Disputieren, bei dem du den andern von der Richtigkeit deiner Ansichten überzeugen willst. Bedenke, daß religiöse und biblische Wahrheiten nie logisch bewiesen werden können. Gott läßt sich nicht beweisen. Auch Bibelworte dürfen nicht als Beweise, sondern nur als Zeugnisse von heiligen Gottesmenschen angeführt werden.

b) Hüte dich vor Rechthaberei. Bei jeder Rechthaberei spielen Ichhaftigkeit und Unglaube eine große Rolle. Es kommt nicht darauf an, wer recht hat, sondern was recht ist.

c) Hüte dich vor aufgeregter Rede, sprich mit ruhiger Gelassenheit und mit gläubigem Vertrauen auf die Mitwirkung des im Heiligen Geiste gegenwärtigen Christus. Rechne damit, daß dem echten Zeugnis dieselbe Kraft innewohnt wie dem im Geist verkündigten Predigtwort.

d) Vorurteile oder Antipathien gegenüber Sonderheiten und Schwächen der Gesprächspartner, die etwa rauchen, trinken, sich schminken usw., verschließen die Tür zum andern.

e) Vermeide eine pharisäische Haltung, auch jeglichen überheblichen oder mitleidsvollen Ton. Rede als Sünder mit Sündern.

f) Vermeide zu lange religiöse Gespräche. Erbitte Leitung um den Heiligen Geist für das rechte Gefühl, das beizeiten aufhört.

g) Während eines Gesprächs befleißige man sich des guten Zuhörens und antworte nicht zu rasch. Man bleibe in völliger Ruhe und Sammlung vor Gott.

h) Unfreundliche Entgegnungen ja nicht übelnehmen. Sprich mit liebevoller Freundlichkeit und im Geiste des Gebets.

i) Sprich nicht in der Sprache Kanaans oder in der Sprache der Bibel oder der Gemeinde, sondern in der Sprache deines Gesprächspartners. Sei zurückhaltend mit Ausdrücken wie ›Heiland, Herr, Gnade Gottes, Gotteskind, Heiligung‹ usw., wenn du mit Fernerstehenden redest.

k) Erzähle ja nicht weiter, was dir von andern im Vertrauen mitgeteilt ist, es sei denn mit ihrer ausdrücklichen Erlaubnis.«

## Der Lehrer

Schon in der Unterprima in Mannheim beginnt Scharpff seine Lehrgabe zu entwickeln. Als Grundstock für sein Studium verdient er die ersten 500 Mark durch Nachhilfestunden. Dies ist für ihn eine pure Lebensnotwendigkeit, denn seine Eltern können ihn finanziell nicht unterstützen. Doch er macht aus der Not eine Tugend.

Auch als Student tritt die Lehrgabe einmal besonders deutlich zutage, wobei zugleich seine nüchterne, klar am Wort orientierte Denkungsart hervortritt. In Berlin hält Pastor Jonathan Paul, der bekannte Führer der Pfingstbewegung, eine Heiligungsversammlung ab. Etwa 200 Menschen beten laut durcheinander, wie es unter dem Einfluß der Gebetserweckung in Wales auch in Deutschland hin und her üblich geworden war. Scharpff begegnet selbst wenig später in Wales dieser Erweckung; er urteilt sehr reserviert über sie.

Über die Erfahrung in Berlin erzählt er: »Als die große Welle des Zusammenbetens abgeebbt war, fragte Pastor Paul, ob jemand der Anwesenden noch ein Wort habe. Ich stand ruhig auf, ging an den Altar und sagte: ›In der Bibel stehen zwei Wege, die zum Empfang des Heiligen Geistes führen: 1. Er ist denen verheißen, die um ihn bitten (Luk. 11, 13). 2. Er wird denen gegeben, die ihm gehorchen (Apg. 5, 32). – Dann ging ich wieder an meinen Platz. Weder Paul noch der Gemeindeprediger Wunderlich sagten etwas, sondern schlossen rasch die Versammlung. – Mein Weg zum Anhalter Bahnhof führte mich in der Straßenbahn nochmals mit Pastor Paul zusammen, und trotz meines Widerspruchs bekam ich von ihm zum Abschied vor allen Leuten den ›Kuß des Friedens‹, der damals unter den Frommen geübt wurde.«

Wer Scharpff begegnet ist, weiß darum, wie er aus seinen psychologischen und geschichtlichen Studien heraus manche Mängel im kirchlichen Leben mit scharfem Blick erkennend hart kritisieren konnte, auch wenn dies wehtat und unpopulär machte. Im Unterricht blieb über den reinen Wissensstoff hinaus bei seinen Studenten der Eindruck eines Menschen haften, der sich völlig dem »Christuszeugnis von Mensch zu Mensch« verpflichtet wußte.

### Der Seelsorger und Vater

Die seelsorgerliche Linie tritt in ganz natürlicher Weise hinzu. Schon als Student beginnt Scharpff, sich um seine Kommilitonen zu kümmern. Einmal gelingt es ihm, mit drei Studenten bekannt zu werden, die sich in der Verzweiflung das Leben nehmen wollen. Nach ernsten Gesprächen lassen sie in kurzer Zeit von ihrem Vorhaben ab. In seiner ersten Gemeindearbeit in Straßburg hat er so viel seelsorgerlichen Zulauf, daß ihm dies schon lästig zu werden beginnt. Durch seine Begegnung mit der Heiligungsbewegung vertieft sich sein Verständnis für die Notwendigkeit und die Möglichkeit, geistlich mündig zu werden. Von seinen Studien John Wesleys herkommend – zweimal hat er Auszüge aus Wesleys vielbändigem Tagebuch veröffentlicht –, kann Scharpff mit Nachdruck betonen, daß nur da die Gemeinden im Segen arbeiten und Außenstehende zum Glauben kommen können, wo die Heiligung und die völlige Liebe in der Verkündigung den gebührenden Platz einnehmen.

Die Mitarbeit in der »Gruppenbewegung« gibt ihm weiteres Rüstzeug für den seelsorgerlichen Dienst in den Gemeinden und an Studenten. Sehr wichtig ist ihm in diesem Zusammenhang stets, daß nach seinem Urteil die Lehre vom Heiligen Geist einen viel zu geringen Stellenwert in der kirchlichen Theologie und Praxis einnimmt.

Die Familie kennt den vielbeschäftigten Vater als einen sehr intensiv lebenden, seine Umgebung unwillkürlich prägenden Menschen. Er entstammt ja der »Generation der Väter«; wie selbstverständlich ist er Familienmittelpunkt. Darüber hinaus hat er eine ganze Generation von Predigern des Evangeliums väterlich mitgeprägt und ihr das geistliche Geleit gegeben.

Die Kinder in der Familie und die »geistlichen Söhne« kennen ihn nicht anders als auf das Ganze der Sache Gottes hin ausgerichtet. Symbolisch verdichtet stellt sich dies im Juni 1955 dar, als er in der Eigenschaft des Ortsausschuß-Vorsitzenden in Frankfurt/Main die erste Großveranstaltung mit Billy Graham im Stadion leitet.

So lebt Paulus Scharpff im Gedächtnis aller, die ihn kannten und schätzten, als ein Mensch weiter, durch den viele gesegnet wurden.

Dieter Sackmann

# Erich von Eicken

*Geb. 19. 12. 1894 in Düsseldorf. Nach dem Abitur Bankkaufmann. 1923 klare Hinwendung zu Christus. Mitarbeit in der Gemeinde, Ausbildung und Dienst als Methodistenprediger. Danach Studium der Theologie und Pfarramt. Seit 1936 Mitarbeiter im Deutschen Gemeinschafts-Diakonieverband, mit Evangelisations- und Tagungsaufgaben betraut. 1948–1962 theologischer Lehrer am Brüderhaus »Tabor« in Marburg. Gest. 30. 5. 1972 nach einem Verkehrsunfall.*

## *Der Führung und des Auftrags gewiß*

Dr. theol. Erich von Eicken war ein Mann, der sich der Führung Jesu und seines Auftrages gewiß war. Das Fundament dafür lag in der Wiedergeburt, die er als junger Mensch erlebte. Damals gab er sein Leben aus den eigenen Händen ab und unterstellte es Gott. In intensiver, treuer Gebetsarbeit wurde er in der Zeit, in der er als Bankbeamter tätig war, für seine Aufträge im Reiche Gottes vorbereitet.

Noch habe ich den Klang seiner Worte im Ohr, wenn er von der Klarheit sprach, die ihm für seinen Weg zuteil geworden war: »Im Hören auf die Schrift und im betenden Durchdenken meines Weges und meiner Gaben habe ich für mich einen dreifachen Auftrag erkannt: Lehrer der Heiligen Schrift zu sein; Seelsorge zu üben, besonders auch an der studentischen Jugend; auf Tagungen zu Glaubensentscheidungen und zur Glaubensbefestigung zu verhelfen.« Diesen seinen Auftrag hatte Erich von Eicken bewußt angenommen. Die Weite der Aufgabe schritt er mit Liebe und Hingabe ab, die Grenzen respektierte er in demütigem Glauben.

Unvergeßlich bleibt mir seine herzliche Mitfreude an der Wirksamkeit von Brüdern mit stärkerer evangelistischer Begabung. Deren Dienst sah er als notwendige Ergänzung zu dem seinigen an.

Seinen Auftrag wiederum verstand er als Ergänzung zu dem ihrigen. Mir wurde dabei deutlich, daß die Gemeinde der Leib Christi ist, an dem ein Glied des anderen bedarf. Mich selbst und meinen Weg bejahen, den Bruder und seinen Dienst annehmen, das war eine der geistlichen Lektionen, die ich sehr bald in der Begegnung mit Bruder von Eicken lernte.

## Ein Lehrer, der das Wort Gottes recht teilte

Erich von Eicken war ein von Gott bestätigter Lehrer der Schrift. In den letzten eineinhalb Jahrzehnten seiner Tätigkeit hat er am Seminar für Innere und Äußere Mission (Brüderhaus »Tabor«) in Marburg als theologischer Lehrer unterrichtet und jungen Männern, die Jesus aus der Berufswelt oder von der Schulbank in seinen Dienst gerufen hatte, das biblisch-theologische Rüstzeug für ihre Aufgabe mit auf den Weg gegeben. Uns jungen Brüdern wurde der Ertrag eines reichen Lebens in der Jüngerschaft und im Dienste Jesu vermittelt, der aus jahrzehntelanger intensiver Beschäftigung mit der Bibel, aus vielen seelsorgerlichen Begegnungen und aus der gedanklichen Durchdringung weltanschaulicher Fragestellungen erwachsen war. Solcher Unterricht war alles andere als trocken. Er war voll Leben.

Unser Lehrer hat es verstanden, uns die Bibel liebzumachen und dadurch unsere Liebe zu Jesus zu stärken. Seine Auslegungen des Alten und Neuen Testaments sind mir unvergessen geblieben. Wie haben wir damals im Buch des Propheten Jeremia gelebt, und wie ist uns Amos ans Herz gewachsen! Es war Dr. v. Eicken gegeben, uns das Verständnis des gewaltigen Römerbriefes zu erschließen und die verborgene Schönheit des Jakobusbriefes vor die Augen zu stellen. Welch ein Leben gewann die Offenbarung des Johannes für uns! Nicht etwa, weil der Ausleger zu spekulieren verstanden hätte, nein, das lag ihm gar nicht. Aber anhand seiner Auslegung begriffen wir auf einmal die Zeit des Dritten Reiches, aus der wir kamen und an der wir zerbrochen waren. Der dämonische Hintergrund jener Jahre und der nationalsozialistischen Bewegung mit ihrem Führer, in deren Kielwasser wir geschwommen waren, wurde uns bewußt.

In großer Klarheit formulierte v. Eicken seine Lehraussagen: »Wort und Geist sind im rechten Verhältnis zu sehen: Im allgemeinen redet Gott zu uns durch sein Wort in der Heiligen Schrift. Dabei dürfen wir den Beistand des Heiligen Geistes erbitten; denn derselbe Geist, der die Schrift eingegeben hat, lehrt sie uns auch recht verstehen. Nur in besonderen Ausnahmefällen redet Gott durch seinen Geist auch unmittelbar zu uns. Solch unmittelbares Reden Gottes darf nicht alltäglich erwartet werden, sonst sind die Türen geöffnet zur Schwärmerei.

Wer Wort und Geist trennt, verfällt dem Irrgeist. *Wort ohne Geist* ergibt eine tote Rechtgläubigkeit; da ist keine Kraft und Freudigkeit mehr in der Verkündigung und im Gebet. *Geist ohne Wort* bringt Schwärmerei, Verachtung der Schrift, seltsame Visionen, Verzückungen und allerlei Psychopathisches hervor. Darum muß alles ›unmittelbare‹ Geistesreden am Wort der Schrift geprüft werden.

Wir bleiben in der Spannung zwischen dem Heilig*sein* in Christus und dem Heilig*werden* in unserem persönlichen Leben auf Erden.

Es ist ein Unterschied zwischen *Sünde haben* und *Sünde tun:* 1. Johannes 3, 9. Der Geisterfüllte *hat* wohl Sünde, aber er *muß nicht* sündigen. Er darf vom Siege Christi her leben.«

Nach mancher Unterrichtsstunde zogen wir uns im kleinen Brüderkreis zurück, um das zu tun, wozu es uns drängte: die Botschaft solcher Schriftauslegung in Gebet ausklingen zu lassen.

Obwohl Dr. von Eicken eine saubere theologische Denkarbeit leistete und eine gründliche Lehrtätigkeit ausübte, wußte er nur zu gut um die Grenzen der Theologie: »Bei aller ›richtigen Theologie‹ wollen wir uns die schmerzliche Tatsache nicht verhehlen, daß der Weg von der Erkenntnis bis zur Liebe Gottes noch recht weit ist. ›Christum liebhaben ist besser als alles Wissen.‹« Und dann erzählte er mit bewegenden Worten von seinen Begegnungen mit den Brüdern der Diakonenanstalt Nazareth in Bethel und von deren Liebe zu den Kranken und Fallsüchtigen. In diesen Brüdern und ihrer selbstvergessenen Hinwendung zum Elend war ihm das Wesentliche des Christseins aufgeleuchtet: der Glaube, der in der Liebe tätig ist. So konnte er sagen: »Alles, was die Liebe verletzt, dämpft den Heiligen Geist.«

## Seelsorgerliche Ausrichtung der Lehrtätigkeit

Wieviel biblisches, kirchengeschichtliches und weltanschauliches Wissen Dr. von Eicken uns auch vermittelte, er vergaß nie, die Notwendigkeit der Lebensgemeinschaft mit Jesus zu betonen. Ihn erfüllte die Sorge, seine Schüler könnten durch den Verlust des verborgenen Lebens mit Jesus fromme Vielwisser werden ohne gesundes geistliches Wachstum. Die Hilfe dagegen sah er im gläubigen Durchdenken einzelner Bibelworte und im Gebet: »Behalten

Sie immer die ganze Schrift im Auge, aber nähren Sie sich vom einzelnen Wort und leben Sie davon. Tun Sie's der Maria nach, die alle diese Worte in ihrem Herzen bewegte.«

Das seelsorgerliche Wort unseres Lehrers kam bei uns an. Wir wußten uns von ihm verstanden, gerade in unseren inneren Kämpfen und Anfechtungen. Aus seiner eigenen Führung, die ihn in jüngeren Jahren das methodistische Predigerseminar hatte durchlaufen lassen, war ihm dieses Eingehen auf unsere Situation erwachsen. So manches Mal atmeten wir tief auf und verließen befreit den Lehrsaal. Sein Unterricht war eben nicht nur Wissensvermittlung, sondern mindestens ebenso stark ein Stück hilfreicher Seelsorge:

»Solange wir uns noch sagen lassen können von Gott und Menschen, ist uns noch zu helfen. – Gerade nach großen Segnungen ist doppelte Wachsamkeit am Platze. – Mit hochmütigen Heiligen kann Gott nichts anfangen, wohl aber mit gedemütigten und zerschlagenen Herzen. – Rechtes Christsein besteht weder in eingebildeter Sündlosigkeit noch in krankhafter Beschäftigung mit eigenen Fehlern, sondern im vertrauensvollen Gehorsam gegen den erkannten Gotteswillen und im liebenden Dienst am Nächsten.«

Wie brannte uns Dr. von Eicken bei den Predigtvorbereitungen die seelsorgerliche Zielsetzung aller Verkündigung ein: »Die Predigt braucht die das Herz und Gewissen treffende Zuspitzung.«

Andererseits suchte er uns vor der einseitigen Überspitzung bestimmter Formen und Inhalte der Verkündigung zu bewahren. Aus vielfältiger Erfahrung wußte er, daß den Menschen damit nicht aus ihren Nöten herausgeholfen wird, sondern sie erst recht in neue Nöte hineingestoßen werden. Doch hören wir ihn selbst:

»Gesetzliches Nötigen ist zwecklos, weil dadurch nie der Heilige Geist mitgeteilt wird. Allein das Evangelium bringt den Heiligen Geist mit sich und schafft neue Herzen. Wer Christen mit dem Gesetz bearbeitet, macht aus ihnen allerschlimmste Pharisäer, die nur auf den Buchstaben des Gesetzes schauen. –

Wir können noch soviel trösten, und niemand wird getröstet; wir können noch soviel predigen, und doch bekehrt sich niemand, wenn ein heimlicher Bann auf uns liegt. –

Gott muß mich nicht gesund machen, auch nicht, wenn ich noch so stark glaube; aber er kann mich gesund machen, wenn es sein heiliger Wille ist.«

Bruder von Eicken lehrte nicht nur seelsorgerlich und leitete auch nicht nur zur Seelsorge an, sondern stand selbst in der Seelsorge. Von nicht geringer Bedeutung für seinen Weg in den rechten geistlichen Linien war ihm seine Lebensgefährtin geworden: »Zwei Drittel der Dinge, die mich seelsorgerlich bewegen, kann ich bei meiner Frau abladen; für das letzte Drittel habe ich wie Luther einen Beichtvater, einen Bruder nötig.«

In großer Eindringlichkeit bezeugte er uns aufgrund seiner Erfahrung, daß aus einem Leben in der Reinigung Vollmacht im Dienste Jesu erwächst. Er legte uns ans Herz: »Brüder, oft habe ich erlebt, daß dann, wenn ich offen geworden war und aus der Seelsorge kam, schon Menschen auf mich warteten, die die Seelsorge bei mir suchten.«

## Gebet und Arbeit gehören zusammen

Nicht nur ein fleißiger Arbeiter war Pfarrer von Eicken, sondern auch ein Beter. Wie erwärmte sich seine Stimme, wenn er aus dem Leben des Franz von Assisi und von dessen nächtlichen Gebetszeiten erzählte! Wir hörten deutlich heraus, daß das nicht bloß Wiedergabe von etwas Angelesenem war, sondern daß die eigene beglückende Gebetserfahrung mitsprach.

Eines Tages klopfte ich an seine Tür, um einen Auftrag auszurichten. Es dauerte einige Zeit, bis er öffnete. Dann stand ich vor meinem Lehrer, dem ich abspürte, daß er vor dem Unterrichtsbeginn aus der Sammlung im Gebet kam. Diese Szene trat mir nach seinem plötzlichen Heimgang beim Gedenkwort des Direktors des Brüderhauses »Tabor« wieder vor die Augen und ergriff mich: »Erich von Eicken betete vor dem Unterricht seine Schüler namentlich durch.«

Wie manches Mal legte er uns nahe: »Fleißig gebetet ist schon halb gearbeitet.« In Anlehnung an Luther half er uns dabei, das geistliche Gleichgewicht zu finden und zu bewahren: »Brüder, arbeiten Sie, als würde alles Beten nichts nützen, und beten Sie, als würde alles Arbeiten nichts nützen.«

Er wußte aus Schrift und Erfahrung, daß Gebet *und* Arbeit zusammengehören: »Wer im Boot sitzt und das andere Ufer erreichen will, darf nicht bloß ein Ruder ins Wasser tauchen, sonst dreht er sich im Kreise. Er muß beide Ruder gleichmäßig betätigen. So kommt er vorwärts und erreicht das Ziel. Im geistlichen Leben wollen die beiden Ruder ›Gebet‹ und ›Arbeit‹ ebenfalls gleichmäßig betätigt werden, sonst drehen wir uns im Kreise, oder die Strömung treibt uns ab.«

## Die Gabe, die Geister zu unterscheiden

Wenn Dr. von Eicken zur Illustration des Unterrichts eine Erfahrung heranzog, spürten wir, daß wir es mit einem Mann zu tun hatten, der die Gabe besaß, die Geister zu unterscheiden und die Zeichen der Zeit zu erkennen. Er hatte z. B. sehr bald das Wesen des Nationalsozialismus durchschaut und war fortan in den Reihen der Bekennenden Kirche zu finden. Auf eine erschütternde Weise war ihm im Gebet und über der Schrift das Ende der nationalsozialistischen Herrschaft schon in deren Anfangszeit vor Augen getreten:

Eines Tages hatte er den ganzen ihn bedrängenden Fragenkomplex der neuen Bewegung durchdacht und durchbetet. Am Abend erlebte er – es war in Heidelberg – einen Aufmarsch der braunen politischen Organisationen mit. Fackelzüge wälzten sich durch die Straßen. Auf dem Heimweg hatte er das Dröhnen der Marschtritte noch im Ohr und den Brand und das Lohen der Fackeln vor Augen. Zu Hause schlug er wie allabendlich das Andachtsbuch von Otto Stockmayer auf, las und fuhr erschrocken zusammen. Es handelte sich um die Bibelstelle Jesaja 50, 11. Von Feuer, Flammen und Gericht ist dort die Rede. Feuer und Gericht – schlagartig war Erich von Eicken das wie ein Durchblick in die Zukunft klar – würde Fortsetzung und Ende dieser Aufmärsche und Fackelzüge sein. Es erschütterte ihn tief, als dann in Deutschland die Synagogen brannten und noch später unsere Städte unter dem Bombenhagel in Flammen aufgingen.

So sehr der Textzusammenhang in der Bibel zu beachten ist, um nicht Irrtümern zu verfallen, so bleibt es unserem Gott doch unbenommen, je und dann ein Wort aus dem Zusammenhang und aus der Zeitgeschichte herauszulösen und es einem Beter durch seinen Geist als Antwort auf seine Fragen heute zuzusprechen.

So bewußt von Eicken auch seinen Platz in der Bekennenden Kirche einnahm und bewies, daß ihm die gewonnene Überzeugung das persönliche Opfer wert war, so behielt er doch auch hier den klaren geistlichen Durchblick. Neben viel beglückendem Erleben mit den Brüdern aus der BK erfüllte es ihn mit Schmerz, daß bei manchem das richtige Bekenntnis derart dominierte, daß das rechte Leben aus dem Glauben davon zugedeckt wurde. Er prägte es uns darum ein: »Rechte Lehre und rechtes Leben gehören zusammen.«

Die Gabe der Geisterprüfung war es auch, die seine Mitarbeit in den Arbeitsausschüssen des »Gnadauer Verbandes für Gemeinschaftspflege und Evangelisation« überaus wertvoll machte. Viel Mühe hat er auf das Studium der Pfingstbewegung alter und neuer Zeit verwendet. Was er entdeckte, hat er mit der Schrift verglichen. Dadurch hat er in den Auseinandersetzungen mit der Pfingstbewegung einen guten geistlichen Beraterdienst getan. Sein Urteil war ausgewogen, klar in der Sache und doch voll Liebe.

1964 veröffentlichte Dr. v. Eicken ein Buch als Beitrag zur Geschichte der Pfingstbewegung in Deutschland unter dem Titel: »Heiliger Geist – Menschengeist – Schwarmgeist.« In seinem Vorwort dazu lesen wir: »Seit Jahrzehnten hat mich immer wieder die Frage bewegt: Wie war es möglich, daß die überaus fruchtbare Evangelisationspredigt der letzten 200 Jahre in den Vereinigten Staaten von Nordamerika, in England und auf dem europäischen Kontinent nicht nur eine Erweckungs- und Heiligungsbewegung auslösen, sondern auch Ansatzpunkte zu zahlreichen schwarmgeistigen Erscheinungen enthalten konnte?

Das weltweite Überhandnehmen schwarmgeistiger Bewegungen macht eine klar formulierte und helfende Darstellung wesentlicher Ursachen und Merkmale abartiger Geistesströmungen zu einem Gebot der Stunde. Hier soll das Büchlein einen Dienst tun zur Unterscheidung der Geister.«

Nicht in der notwendigen Abwehr schwärmerischer Einseitigkeiten sah von Eicken allerdings seine eigentliche Aufgabe. Er wollte vielmehr alles fördern, was biblischer Erweckung die Bahn bereitete. Um Erweckung flehte er und lehrte er seine Schüler beten.

*Jesus viel danken*

Bei der Beerdigung und in der Gedenkfeier nach Bruder von Eickens Heimgang wurde Jesus gelobt und ihm viel Dank gesagt. Danach sprach ich noch einmal seine Lebensgefährtin, die tief getröstet sagte: »So hat es mein Mann sich gewünscht, wenn wir vom Heimgehen sprachen: Jesus viel danken.«

Jesus und sein Heil – das war Pfarrer von Eickens Thema und Freude.

*»Gedenket an eure Lehrer, die euch das Wort Gottes gesagt haben, ihr Ende schauet an und folget ihrem Glauben nach«* (Hebr. 13, 7).

Horst Zentgraf

# Hans Dannenbaum

*Geb. 23. 4. 1895 in Oldenburg i. O.,
aufgewachsen in Hannover. Kriegsteilnehmer 1914–1918. Studium der
Theologie. 1921 Entscheidung für
Christus durch Verkündigung und
Seelsorge von Pastor Ernst Lohmann.
1923 Hilfsgeistlicher an der Pauluskirche in Hannover, noch im selben
Jahr Pastor in Othfresen bei Goslar.
1926–1945 Inspektor der Berliner
Stadtmission, dann Direktor. 1947
Pfarrer an der Albanikirche in Göttingen und »Beauftragter für die
volksmissionarische Arbeit der ev.-
luth. Landeskirche Hannovers«.
1952 Vorsitzender der »Kammer für
Volksmission« und Ende der Gemeindearbeit. Gest. 1. 5. 1956*

## »Jesus ist wichtiger als alle Theologie«

Es war im Sommer 1923 in Hannover, als ich Hans Dannenbaum
zum erstenmal begegnete. Im Hause einer alten Großtante, die ich
besuchte, drehte sich beim Nachmittagstee das Gespräch um den
jungen Pastor, der seit kurzem als Hilfsprediger an der Pauluskirche
wirkte: »Er ist radikal!« – »Unerhört, wie er die Gemeinde heraus-
fordert!« – »So kann man doch nicht reden, so banal! Was er sagt, ist
ja wohl richtig, aber er müßte es feiner sagen.« – »Ein großartiger
Kanzelredner!« – So klangen die Ansichten durcheinander, und der
Student der Theologie, der sie hörte, versuchte, sich ein Bild des
Mannes zu machen, der die Gemüter so erhitzte. Zuletzt sagte die
Großtante und schloß damit das Gespräch ab: »Das mag alles seine
Richtigkeit haben. Aber – der junge Pastor kennt keine Kompro-
misse im Glauben, und wenn er von Jesus redet, dann weiß man,
woran man ist.«

Nicht lange danach klopfte es, und Pastor Dannenbaum trat ein. Er
war dabei, seine Gemeindeglieder zu besuchen und ging dabei von
Haus zu Haus, von Wohnungstür zu Wohnungstür. Es war eine
merkwürdige Situation, und er mußte von Verlegenheit und Span-

nung wohl etwas gespürt haben; denn er sagte: »Ich habe Sie wohl in einem wichtigen Gespräch gestört. Aber das, was mich bewegt, und von dem ich möchte, daß darüber in den Häusern und Familien gesprochen würde, ist viel wichtiger als alles, worüber Menschen sich sonst unterhalten. Und nun wollen wir einmal von Jesus reden . . .« Totenstille. Aber die schien ihn durchaus nicht zu erschrecken; denn nun sprach er von Jesus, wie ein Mensch von seinem Freunde spricht: echt, lebensnah, ohne jedes Pathos, ohne Aufdringlichkeit, aber mit jener Leidenschaft, die den lebendigen Glauben kennzeichnet. Als er nach einer halben Stunde sich verabschiedete, sagte er mir zum Abschied: »Vergessen Sie nie: Jesus ist wichtiger als alle Theologie!« Und der junge Theologiestudent hat das niemals vergessen.

## Der Christ

Hans Dannenbaum ist nicht immer Christ gewesen. Wenn das Neue Testament von Christen als von »Christusmenschen« spricht, die ohne Christus nicht leben können (Apg. 11, 26; 26, 28; 1. Petr. 4, 16), dann ist klar, daß man nicht als Christ geboren wird und auch nicht zum Christen erzogen werden kann. Das Christsein läßt sich auch nicht erben. Gewiß, Hans Dannenbaum ist als Kind getauft worden. Er hat später viel von seiner Taufe gehalten, und sie bedeutete ihm eine erste Berufung zu Christus und Beschlagnahme durch ihn, die Zusage Gottes, daß Jesus für *ihn* als Heiland und Herr da sei.

Zunächst aber wuchs er in der Geborgenheit des Elternhauses unbeschwert auf, begeisterte sich als Gymnasiast in Hannover, wohin die Familie übergesiedelt war, für deutsche Literatur und Geschichte, schwärmte für die Natur und entdeckte mit immer neuer Freude die schwerblütige Schönheit seiner niedersächsischen Heimat. Freiwillig trat er gleich bei Ausbruch des Ersten Weltkrieges bei den Königsulanen ein, wurde rasch Offizier und nahm an den Kämpfen in Polen, Kurland und auf dem Balkan teil. Als sein einziger Bruder und sein bester Freund fielen, erschütterten ihn diese Nachrichten zutiefst. Er fühlte sich grenzenlos einsam, so daß er von jener Zeit sagte: »Um mich war sternenlose Nacht.«

Nach dem Kriege begann Hans Dannenbaum mit dem Studium der Theologie. In Marburg lernte er die historisch-kritische Methode kennen. Ihre Ergebnisse, die so oft miteinander im Widerspruch waren, ließen sein Herz leer. Dafür suchte er – durch Rudolf Ottos Buch »Das Heilige« veranlaßt – Gott auf dem Wege mystischer

Versenkung und feierlichen Schweigens. Aber bewußter Christ wurde er dadurch nicht.

Dann geschah es 1921 in Hannover, daß die Weiche seines Lebens gestellt wurde. Pastor Ernst Lohmann hielt eine Evangelisation, an der Hans Dannenbaum mit seiner Braut, Mari Wolpers, teilnahm. »Es geschah das eigentlich mehr aus Höflichkeit gegen meinen Schwiegervater, der als Kirchenvorsteher zu dieser Woche mit eingeladen hatte«, schreibt er selbst. Unter Lohmanns Verkündigung ist ihm zum erstenmal etwas von der Vollmacht des Heiligen Geistes deutlich geworden. Er hat den Unterschied zwischen einer theologisch sauberen Vorbereitung der Predigt und einer Predigt, die auf den Knien erbetet worden ist, kennengelernt: »Ohne persönliche Verbindung mit dem lebendigen Herrn und Heiland Jesus Christus gibt es keinen Segenseinfluß. Ich aber hatte beides nicht. Ich hatte weder Segenseinfluß noch den lebendigen Herrn Christus und hätte doch so gern beides gehabt.«

Gott schenkte ihm beides. Hans Dannenbaum wurde Christ. Er hat sein eigenes Erleben gelegentlich wiedergegeben mit dem Satz: »Ich habe kapituliert.« Er wollte damit sagen, daß nicht eine emotionale Begeisterung ihn mitgerissen oder ein frommes Gefühl ihn überwältigt hatte, sondern Jesus *war ihm zu stark geworden und hatte gewonnen*« (Jer. 20, 7). Nun gehörte das Leben mit seinen reichen Gaben Jesus. Nun war Verzicht geleistet auf menschliche Chancen und eine große Karriere. Nun hatte nicht mehr die Weisheit der Welt zu sagen, sondern das Wort vom Kreuz. Das »Ein-fältigwerden«, von dem Matthias Claudius in seinem Abendlied singt, lernt wohl niemand rasch, am allerwenigsten ein so begabter Mensch wie Hans Dannenbaum. Aber er hat es über dem Forschen in der Schrift und im Gespräch mit Jesus gelernt.

Wie echt demütig konnte der hochgewachsene Mann mit seiner aufrechten Haltung, der seinem Wesen nach ein stolzer Niedersachse war, jemandem begegnen! Ich denke an ein Gespräch in seinem Studierzimmer in Berlin-Tempelhof, in dem sein Bild, in Öl gemalt, an der Wand hing. Auf meine ein wenig spitze Bemerkung, daß ich in meinem Zimmer nicht mein eigenes Bild sehen möchte, antwortete er: »Das muß da hängen. Wenn ich es zuweilen ansehe, ist mir, als ob es zu mir sagte: ›Was siehst du denn *mich* an? Ich bin doch nur ein armer Mensch‹, und ›an mir und meinem Leben ist nichts auf dieser Erd‹. Dann weiß ich, daß ich wieder ganz neu auf Jesus zu blicken habe.«

Noch etwas Besonderes fiel in seinem Arbeitszimmer auf. Neben der Tür hing ein holzgebranntes kleines Schild, auf dem weiter nichts stand als: »Assos Apg. 20, 13«.

Irgend jemand hatte ihm dieses Schild wohl einmal geschenkt, nachdem er ihn über jene einsame Wanderung des Paulus von Troas nach Assos hatte predigen hören. Und Dannenbaum hat manchmal die Worte erwähnt: »Paulus wollte zu Fuße gehen«, wollte allein sein mit Jesus, um zu hören, was *er* sagte, und zu lernen, was *er* wollte. Das wollte Hans Dannenbaum auch.

Dabei war er ein *fröhlicher* Christ. Alles gekünstelte, verkrampfte, schablonisierte Christsein war ihm zuwider. Sein Glaube war echt bis ins Mark, so echt, daß er zuweilen, wenn er sprach, Menschen schockierte. Weil *»die Freude am Herrn seine Stärke«* geworden war, war er auch erfüllt mit Freude an Gottes Reich und Gottes Welt. Er konnte sich an einem wundervollen Gedicht ebenso freuen wie an einer Blume oder an einer schönen Landschaft. Aus solcher Freude heraus sind auch nicht wenige seiner Gedichte entstanden.

Immer war es die Freude an der Herrlichkeit seines Gottes, der die Welt so schön gemacht hatte. Als wir im Juni 1945 eine Fahrt nach Gussow in der Mark unternahmen – noch immer von sowjetischen Besatzungssoldaten bedroht –, rasteten wir am Ufer des stillen Sees unter strahlend blauem Himmel. Immer wieder sagten wir: »Wie schön ist das hier!« Dann griff Hans Dannenbaum in die Tasche, nahm das Neue Testament und sagte: »In all diese Schönheit hinein wollen wir nun noch ein Psälterlein lesen!« Und dann las er den 104. Psalm.

Hans Dannenbaum war auch ein *lutherischer Christ.* Nicht daß er Konfessionalist gewesen wäre. Nein, nein! Dazu hatte er das Geheimnis der Gemeinde Jesu, des Volkes Gottes, zu tief erkannt. Aber die theologia crucis, die Theologie des Kreuzes, wie Luther sie lehrte, hat ihn geprägt. Er wußte sich bis an sein Ende als begnadigten Sünder, der von der Versöhnung mit dem heiligen Gott, die der Gekreuzigte sterbend vollbracht hat, und von der Vergebung der Sünden, die der Auferstandene schenkt, lebte. Deshalb ist er auch nicht müde geworden, das Heil Gottes in der Person des Heilandes zu bezeugen. Aller Oberflächlichkeit war er abhold. Vor der »billigen Gnade« hatte er geradezu Angst. Weil er die Tiefe der Sünde und die noch viel tiefere Tiefe der Barmherzigkeit Gottes in Christus erkannt, erlitten und erfahren hatte, darum bekannte er sich gern und dankbar als lutherischen Christen.

## Der Zeuge

Wer so kompromißlos Christ zu sein sich bemüht, wird notwendig auch Zeuge des lebendigen Christus sein. Und das ist Hans Dannenbaum gewesen auf vielerlei Weise. Zunächst als Prediger und Evangelist, dann auch als Verfasser vieler Schriften und Bücher. Schmunzelnd und doch in tiefem Ernst hat er einmal von der ersten Pfingstpredigt erzählt, die er 1924 in Othfresen am Harz, wohin er nach seiner halbjährigen Hilfspredigerzeit in Hannover gekommen war, gehalten hat. Um den Bauern des Dorfes die Kraft des göttlichen Geistes anschaulich zu machen, sagte er: »Wenn der Heilige Geist wirkt, dann geht das nicht so sutje, sutje, wie wir uns das wohl wünschen, weil's dann bequemer wäre, nicht peu à peu, sondern wir werden gepackt, gerüttelt und geschüttelt, daß uns Hören und Sehen vergeht . . .« Das war nicht formvollendete Predigtsprache, aber echtes Zeugnis. Und es wurde von den Menschen am Rande des Harzes verstanden. Viele sind damals in jener als unkirchlich bekannten Gegend aufgewacht aus traditionellem Kirchentum oder erschreckender Gottesferne.

Wo es in der Verkündigung nicht um allerlei Unverbindlichkeiten geht, sondern um Jesus allein, *»daß er der Herr sei«* (2. Kor. 4, 5), da bricht sehr bald der Widerstand auf. Hans Dannenbaum wußte manches davon zu sagen. Lange Zeit bewegte ihn ein Erlebnis. Ein Junge, der von Jesus angerührt war, ließ sich überreden, an einem Abend mit der Widerstandsgruppe der Dorfjugend zusammen zu sein. Es kam zu einer Schlägerei in der Kneipe, und eben dieser Bursche blieb erstochen liegen. Bei der Beerdigung sagte Pastor Dannenbaum, zu den Jungen gewandt: »Wenn ihr so weitermacht und durch diesen Sarg und dieses Grab euch nicht warnen und zu Gott rufen laßt, dann ist das nächste Grab für einen von euch bestimmt. *Irret euch nicht! Gott läßt seiner nicht spotten.*« Aber der Widerstand gegen den Zeugen Jesu wurde härter. Da geschah es, daß nur wenige Tage später der Hauptträdelsführer dieser Jugend einem Unfall zum Opfer fiel. Das nächste Grab auf dem Othfreser Friedhof nahm seine Leiche auf . . . Gott hatte das Zeugnis seines Knechtes erschütternd bestätigt.

Dann hat Hans Dannenbaum zweiundzwanzig Jahre lang von der Kanzel der Stadtmissionskirche am Johannestisch in Berlin gepredigt, und, als diese im Januar 1944 in Rauch und Trümmern des Bombenkrieges unterging, in der Garnisonskirche am Südstern den Herrn Christus bezeugt. Weit über tausend Menschen aus ganz Berlin kamen, die klare Botschaft zu hören, die er auszurichten hatte. Einem, der 1926 seine Antrittspredigt gehört hat, sind deren erste Sätze unvergeßlich geblieben: »Ich bin nicht nach Berlin gekommen, um euch mit Glacehandschuhen anzufassen, sondern um euch die Wahrheit zu sagen. Wer von mir politische Reden erwartet, braucht nicht wiederzukommen. Wir haben hier den Reichstag, wo sie das viel besser können. Wer von mir schöngeistige Reden erwartet, der braucht auch nicht wiederzukommen; denn wir haben hier eine ausgezeichnete Universität, wo sie das auch viel besser können. Wer aber *Gottes Wort* hören will, der soll nicht nur wiederkommen, sondern er soll recht viele Nachbarn und Bekannte mitbringen . . .«

Das war Dannenbaums Programm: »Gottes Wort.« Das hieß: hier wird die Wahrheit Gottes in der Bibel bezeugt. »Gottes Wort«, das hieß: hier wird Jesus Christus als der Herr des Lebens und als »einziger Trost im Leben und im Sterben« proklamiert.

Hans Dannenbaum hat seine Predigten sorgfältig vorbereitet. Er konnte in geschliffener Sprache predigen, ohne daß das, was er zu sagen hatte, darunter gelitten hätte. Er liebte es aber, »dem Volk aufs Maul zu schauen«, wie Luther von sich sagte, und scheute vor einer rauhen, zuweilen groben Sprache nicht zurück. Und manche massive Ausdrücke haben die Hörer getroffen.

Alljährlich ist der Inspektor der Berliner Stadtmission auf Evangelisationsreisen gegangen. Hin und her in Deutschland, in Österreich, in der Schweiz, im Baltikum und im rumänischen Siebenbürgen hat er auf Kanzeln großer und kleiner Kirchen, auf Pfarrer-Rüstzeiten, in Gemeinschaftssälen und unter freiem Himmel vor Hunderten von Menschen gepredigt. Nach dem Kriege hat er die Predigerschule »Paulinum« in Berlin begründet, weil er jungen Christen zu einer soliden Ausbildung verhelfen wollte. In den letzten acht Jahren seines Lebens wirkte er wieder in der geliebten niedersächsischen Heimat als Pastor an St. Albani in Göttingen und als Beauftragter für Volksmission in Hannover. Zeuge Jesu ist Hans Dannenbaum geblieben, auch und wieder ganz neu in den festen und oft erstarrten Formen der Volkskirche. Er hat in ihr ein Werkzeug gesehen, das dem Pfarrer reiche Möglichkeiten für geistlichen, erwecklichen Dienst bot.

So traf ich ihn einmal auf der Georgsstraße in Hannover, wie er die Lichtspielreklame eines großen Kinos studierte. Auf meine Frage, ob er sich den neusten Film ansehen wolle, sagte er: »Ich suche Themen für meine nächste Evangelisation. ›Eine unruhige Nacht‹, – das paßt doch glänzend zu der Geschichte von Nikodemus!«

Sein Zeugnis wollte auflockern, aus der von ihm verabscheuten Mittelmäßigkeit (auch der christlichen, kirchlichen, frommen!) herausholen, Mut machen zum Abenteuer echten Glaubens und zu einem Leben im Dienst des unüberwindlichen Herrn. Nichts war ihm verhaßter als die unverbindlich-wohlwollende Neutralität dem Evangelium gegenüber. »Christen sind keine Schlachtenbummler, und ein Leben mit Jesus ist stets Frontdienst und nicht Manöver, bei dem mit Platzpatronen gespielt wird«, konnte er sagen, oder auch: »Ein halber Christ geht ganz verloren.« Solche Sätze taten ihre Wirkung und blieben haften.

*Der Bruder*

Als ich im April 1936 dem Ruf in die Berliner Stadtmission gefolgt war und, eben in der großen Stadt angekommen, allein in der leeren Wohnung am Kottbusser Damm saß und telefonisch meinem Mit-Inspektor sagte, daß ich nun da sei, fragte Hans Dannenbaum: »Wo sitzt du denn jetzt, wenn deine Frau und die Möbel noch nicht da sind?« Ich antwortete: »Auf dem blanken Fußboden!« Sofort kam das Echo: »Ich bringe dir einen kleinen Tisch und einen Stuhl.« So war er: er sah eine – in diesem Falle wirklich winzige – Not, sann rasch auf Hilfe und bot sie an. Das haben Hunderte von Menschen in ernsten und schwierigen Situationen erfahren. Er verstand unter Bruderschaft ein Für-den-Bruder-dasein, nicht selten unter Aufbringung von großen Opfern.

Aber er erwartete auch von denen, die in Christus seine Brüder waren, nicht wenig. Wir hielten einen Jungmädchentag. Fünfhundert Mädel waren aus allen Gemeinden, Gemeinschaften und Gruppen der Stadtmission zusammengekommen. Hans Dannenbaum hielt eine Bibelarbeit über Maria und Martha (Luk. 10, 38–42). Sie war etwas vom Großartigsten, was ich je von ihm gehört habe. Nach einem Lied rief er mich aufs Podium. Ich sollte noch etwas dazu sagen. Aber ich lehnte ab, beharrlich, trotz seines dringenden Bittens. Mir schien einfach jedes weitere Wort überflüssig. Als wir dann viel später den Raum verließen, sah er mich traurig an und fragte: »Warum hast du mich allein gelassen?« Das war für ihn Bruderschaft: einander nicht allein lassen . . .

Solche Bruderschaft sollte es auch innerhalb der Kirchengemeinde geben. Das weiß niemand vom akademischen Studium her, auch kaum aus der theologischen Literatur. Das ist im Neuen Testament zu entdecken, und nicht umsonst ist Hans Dannenbaum nicht müde geworden, die Apostelgeschichte auszulegen in Vorträgen und

Predigten, in Bibelstunden und Andachten. Von daher hatte sich schon dem jungen Pastor in seiner Bauerngemeinde die Frage gestellt, wie in unseren festgeformten und weithin festgefahrenen landeskirchlichen Gemeinden Bruderschaft werden könnte. Gemeinde Jesu ist doch nicht Predigt- und Vortragspublikum, das sich geistlich bedienen läßt, sondern Familie Gottes auf Erden, zu Zeugnis und Dienst berufen und geweiht.

Darum lud Hans Dannenbaum in Berlin, später ganz ähnlich in Göttingen, von der Kanzel ein zu Bruderkreisen, die er »Taborkreis« bzw. »Emmauskreis« nannte. Er drängte niemanden, aber er machte Lust dazu. Wer jedoch dabeisein wollte, mußte sich persönlich anmelden. Dabei gab es oft lange seelsorgerliche Gespräche. Hatte er den Eindruck – und um Gewißheit, richtig zu entscheiden, hat er heiß im Gebet gerungen! –, daß bei dem Besucher eine echte Bekehrung zu Christus und eine ganze Bereitschaft, ihm zu dienen, vorlag, konnte er aufstehen, die Hand dem andern entgegenstrekken und mit geradezu ansteckender Fröhlichkeit, als wenn ein Sieg gewonnen wäre, sagen: »Jetzt gehören Sie zur Gemeinde!« Und dann lautete die Anrede: »Bruder! Schwester!«

In diesen zahlenmäßig begrenzten Kreisen, die sich dann wieder in kleinere Hauskreise teilten nach dem Prinzip der Zellenteilung, ist Bruder Dannenbaum eine Dienstschar zugewachsen, der er treulich diente und die ihn großartig ergänzte.

Unvergeßlich die Abendmahlsfeiern in der Stadtmissionskirche: Da knieten die Kommunikanten vor dem Altar, und Hans Dannenbaum spendete das Brot mit den Worten: »Nimm hin und iß und gib's deinem Bruder! Das ist der Leib Jesu Christi . . .« Und bei der Spendung des Kelches sagte er's ebenso. Bruderschaft am Altar.

Nachdem die Heimatkirche ihn in den Dienst als Beauftragter für Volksmission gerufen hatte, galt Pastor Dannenbaums Sinnen und Trachten der Verwirklichung solcher Bruderschaft unter Pfarrern und in den Gemeinden. »Wie kann man Pastor sein, wenn man nicht Brüder findet, denen man sein beladenes und angefochtenes Herz ausschütten und mit denen man beten kann?« hat er zuweilen gefragt. Kollegen, und seien sie noch so nette Menschen, Amtsbrüder, und wären sie noch so ernsthaft in ihrem Amt, – sie genügen nicht, wenn man fruchtbaren geistlichen Dienst tun will. Da helfen nur Brüder in Christo.

So war es denn eine tiefe Freude, als nach langen Vorbereitungen und vielen Einzelgesprächen bei unzähligen Pfarrhausbesuchen hin und her im Land Anfang der fünfziger Jahre der »Bruderkreis für erweckliche Verkündigung und Aufbau lebendiger Gemeinden« entstand, in dessen Zusammenkünften in Dassel am Solling die mutua consolatio fratrum, »das Gespräch miteinander und die brüderliche Tröstung« (wie Luther sie den Schmalkaldischen Artikeln empfohlen hatte) fleißig und hilfreich geübt wurde. Je lebendiger in den Gemeinden die Bruderschaft ist und je mehr die Pastoren Brüder unter Brüdern sind, desto mehr wird Gott seine Kirche segnen und zum Segen in der Welt setzen können.

## Ein reiches Leben

Hans Dannenbaum war ein Mensch mit seinen Ecken und Kanten, mit Fehlern und Schwächen. Er war kein Perfektionist. Das Reden von einem in dieser Welt erreichbaren Zustand von Sündlosigkeit hat er stets als Irrlehre abgelehnt. In der Öffentlichkeit hat er nie, dem vertrauten Bruder gegenüber nur sehr selten von den ernsten Kämpfen gesprochen, die zu einer biblisch verstandenen Heiligung gehören, der er, seit Jesus auf ihn beschlagnahmend die Hand gelegt hatte, nachjagte (Hebr. 12, 14). Was er Unzähligen zugesprochen hat als Seelsorger: »Geben Sie Ihr Leben in die Hand Jesu! Dann wird es interessant«, – das gilt auch von seinem eigenen Leben. Es war ein reiches Leben: reich an Gaben, die ihm gegeben waren, reich an Aufgaben, die sein Herr ihm gestellt hatte, und reich an Barmherzigkeit Gottes. Wenige Stunden vor seinem Heimgang in der Morgenfrühe des 1. Mai 1956 hat er zu einem Freund gesagt: »Das ›Christus *für* uns‹ ist mir nie zweifelhaft gewesen, und wenn Gott Gnade gibt, wird daraus das ›Christus *in* uns‹ zur Auferstehung.«

Paul Gerhardt Möller

# Hans Bruns

*Geb. 7. 10. 1895 in Stade/Elbe. Teilnahme am Weltkrieg 1914–1918. Theologiestudium in Tübingen (1914), Göttingen und Berlin (1918–1921). Vikar in Kirchlinteln bei Verden. 1923–1924 Pastor in Drochtersen bei Stade, 1924–1934 in Hollen/Ostfriesland. 1934 Mitarbeiter im Deutschen Gemeinschafts-Diakonieverband (Marburger Werk), bis 1936 im Mutterhaus Elbingerode, dann in Marburg. Reiche Tätigkeit als Evangelist, Seelsorger, Schriftsteller und Bibelübersetzer. Gest. 8. 3. 1971*

*Göttliche und menschliche Originalität*

Hans Bruns war Seelsorger und Evangelist mit »Leib und Seele«, und er war stolz auf seinen Beruf. Seine Pastorenbrüder hatten es allerdings nicht immer leicht mit ihm. Er konnte ihnen durch seine direkte Art sehr auf die Nerven fallen. »Lieber Bruder . . ., können Sie zu Jesus beten?«, so fragte er mehr als einen Amtsbruder. Auch einem Theologieprofessor gegenüber scheute er nicht die sehr direkte Frage: »Herr Professor, sind Sie bekehrt?« So etwas konnte als taktlose Neugier mißverstanden werden, kam aber aus einer echten, tiefen Sorge um die persönliche Klarheit des Verhältnisses zu Jesus. Natürlich läßt sich die große Gelöstheit und Lockerheit, in der Hans Bruns solche Fragen stellte, nicht einfach nachmachen.

Er war ein brennender Jünger Jesu. Oft gingen die Wogen nach einer Evangelisation sehr hoch. Unbeteiligt blieb keiner. An gottesdienstlichen Formen lag ihm nicht viel. Das Vaterunser formulierte er am liebsten spontan mit eigenen Worten, um die Gemeinde aus dem gedankenlosen Mitbeten aufzuscheuchen. Einmal hatte er in einer Predigt über die Gefahren des Alkohols gesprochen. Nach dem Gottesdienst kam aufgeregt ein Mann auf ihn zu: »Sie bringen Streit in die Gemeinde. Wenn Sie noch einmal vom Alkohol reden, werden wir etwas gegen Sie unternehmen! Wir wollen Frieden haben in unserer Gemeinde!«

Diesen hier gemeinten Frieden wollte Hans Bruns eben nicht! Er wollte die offene und direkte Auseinandersetzung und die Leute aufscheuchen aus ihrer gewohnten Ruhe. Das gelang ihm fast immer. Ich hatte einmal einen Gottesdienst zusammen mit meinem Vater zu halten. Während der Liturgie und einer Taufe saß er hinten in der vollen Kirche und bemerkte, daß ein Bauer neben ihm langsam einschlief. Kaum hatte Vater die Predigt begonnen, wachte der Mann auf. Er war aber bald wieder am Einschlummern. Da unterbrach Vater die Predigt: »Soll ich aufhören?« Keiner antwortete – das gehörte sich ja auch nicht. Er fragte dringender: »Soll ich aufhören? Ist es zu langweilig?« – »Nein, weitermachen!« kam es da von allen Seiten. Auch der müde Zuhörer war von nun an hellwach dabei.

Als ausgesprochener Sanguiniker war Hans Bruns nicht frei von der Gefahr der Eitelkeit. Was er sagte, klang manchmal angeberhaft und großspurig. Doch war er immer bereit, sich unter Gott zu demütigen. Auch in seinem Alter konnte er andere noch um Verzeihung bitten. Er hörte auf echte Kritik und wollte hinzulernen. Er hat immer ehrlich gesagt und zugegeben, daß er nicht alles konnte, daß er seine Schranken hatte.

In all seinem Bemühen ging es ihm letztlich immer um Jesus. Er wollte es »den Menschen leichter machen, zu Jesus zu kommen und ihm ihr Leben anzuvertrauen«. Diesem Ziel diente er mit Leib und Seele. Göttliche und menschliche Originalität waren in seiner Person untrennbar miteinander verbunden. Er war ein »Routinier« der Evangelisation und der »zupackenden Seelsorge«, aber zugleich blieb er ein staunender Mensch. Seiner Selbstbiographie hat er nicht von ungefähr den Titel gegeben: »Ich habe das Staunen gelernt.«

### Weite und Enge

Wenn man Hans Bruns nach seinen theologischen Lehrern fragte, so nannte er sofort freimütig die Namen von Adolf Schlatter und Karl Heim. Schlatter war ihm der große Bibelausleger, Heim der Mann, der es wagte, eine Brücke zwischen Theologie und Naturwissenschaften zu schlagen.

Die Bibel war für meinen Vater das Buch, in dem er persönlich täglich las, das er nie ausstudierte, das er sehr gut kannte und durch das er sich doch immer wieder in Frage stellen ließ. Er suchte und fand darin Jesus, den Gekreuzigten und Auferstandenen, der jeden Menschen zur Bekehrung und Wiedergeburt führen will. Über die Tauffrage hat er manches Streitgespräch geführt. Statt der Kindertaufe war ihm die persönliche Willensentscheidung des Sünders in der Bekehrung zu Jesus die eigentliche Wende des Lebens. In der Bibel fand er je länger, je mehr das Maß für alle Erkenntnis und Verkündigung. Das zentrale Thema des Neuen Testaments war für ihn das Heilszeugnis von Jesus und die Bekehrung zu ihm. Eine reiche seelsorgerliche Erfahrung wurde ihm zuteil. Er hat in unzähligen Beichten und Aussprachen in die Tiefen menschlicher Schuld hineingeschaut und zugleich den Menschen, die sich glaubend zu Jesus wandten, die bedingungslose Vergebung aufgrund des Kreuzestodes Jesu zugesprochen.

Erstaunlich ist, daß Hans Bruns bei dieser vom pietistischen Geist geprägten Haltung, bei der er stetig blieb, zugleich eine große Weite des Denkens zeigte. Ich sehe ihn noch, wie er fast an jedem Sonntag den »Internationalen Frühschoppen« Werner Höfers mitverfolgte, es sei denn, er hatte ein seelsorgerliches Gespräch zu führen. In der Predigt erinnerte er oft an die politische Verantwortung der Christen und ermahnte, für alle Politiker und Staatsmänner treu zu beten. In seiner konkreten Art nannte er in seiner eigenen Fürbitte die Namen der Führer im Kreml, des US-Präsidenten, der Parteivorsitzenden in der BRD und der Machthaber in der DDR. Während der Zeit des Dritten Reiches stand er in harter Auseinandersetzung mit Hitler und dem Nationalsozialismus. Bereits 1934 trat er aus der Gruppe der sog. »Deutschen Christen« aus und schrieb eine Schrift gegen das berüchtigte Buch von Alfred Rosenberg »Der Mythos des 20. Jahrhunderts«. Auch diese Gegner des Christentums schloß er aber in seine Fürbitte ein.

Bei allen theologischen und geistigen Auseinandersetzungen kam sehr deutlich zum Ausdruck, wie stark die Gegenwartsfragen von Kirche, Freikirche und Gemeinde Jesu Hans Bruns ständig bewegten. Meistens begann er selber das Gespräch und forderte seine Gesprächspartner zum Mitdenken heraus.

Die Organisationsformen der Kirchen bedeuteten für ihn wenig. Die evangelischen Landeskirchen in Deutschland sah er als eine gute volksmissionarische Möglichkeit an, den Menschen z. B. bei Beerdigungen oder Trauungen das klare und schlichte Evangelium zu sagen. Bei Gelegenheit konnte er von sich sagen: »Ich bin ein baptistischer-methodistischer-reformierter-lutherischer Pietist.« Diese etwas scherzhaft klingende Aussage traf aber ziemlich genau seine theologische Haltung. Es war ihm unmöglich zu verstehen, wenn Theologen sich stritten um Kirchenverfassung, Abendmahlsfragen, liturgische Formulierungen u. a. m. Einer seiner liebsten Aussprüche war: »Die Hauptsache ist, daß die Hauptsache die Hauptsache bleibt!«

## Einer, der »den Leuten aufs Maul schaute«

In einem sehr volkstümlichen, fast primitiven Stil sagte Hans Bruns die Grundwahrheiten, die zum Leben und Wachsen eines Christen gehören. Seelsorgern war das Heft zugedacht: »Seelsorge ganz praktisch.« Er gibt hier den Rat, nach den »5 p« Seelsorge zu treiben und das Wort Gottes zu verkündigen: Die Botschaft soll positiv, produktiv, praktisch, primitiv und persönlich sein. Er illustriert das durch viele selbsterlebte Beispiele. Jeder, der ihm zuhörte, mußte schnell bestätigen, daß er selber sich immer an diese Regeln hielt.

Von einer Verkündigung, die keine Bilder und Beispiele hatte, hielt er nicht viel. Jedes Haus braucht Fenster, durch die die Bewohner nach draußen schauen können; so ist es auch mit dem Haus der Gemeinde Jesu. Wie sollen die Menschen verstehen, wenn wir theologische oder biblische Gedankengänge vor ihnen ausbreiten und sie nicht übersetzen in ihr Leben und darum auch beispielhaft erklären? Manche Bilder gebrauchte Hans Bruns besonders gern, und viele Gespräche bestätigten, daß er dadurch verstanden wurde.

So sprach er immer wieder von einem »embryonalen Christentum«. Es gibt christliche Leute, die mancherlei von den Zusammenhängen der Bibel verstanden haben, denen aber das selbständige Leben mit Jesus noch fehlt. Sie sind Embryos vor der Geburt und noch nicht zur »Entbindung« gekommen, so daß sie wie ein Baby selber atmen und schreien, d. h. frei und vertrauensvoll zu dem lebendigen Jesus beten können. Oder Hans Bruns erklärte, was glauben heißt. Er bezog sich auf die Heirat zweier Menschen: »Ich bin mit Jesus verheiratet, wenn ich ihm in aller Klarheit und Öffentlichkeit mein Jawort gebe. Ich gehöre zu ihm. Erst dieses ›offizielle‹ Ja ist entscheidend, nicht alle früheren Jas und auch nicht, wenn wir später immer neu ja sagen. Einmal muß jeder sich festlegen.«

Die Bibelübertragung mit erklärenden Anmerkungen seelsorgerlicher Art war für meinen Vater die notwendig gewordene Ausführung einer längst gewonnenen Erkenntnis: Die Menschen von heute verstehen die in vielem so großartige Übersetzung Martin Luthers nicht mehr. Die Sprache ist ihnen fremd geworden, gerade im unkirchlichen Raum. So machte er sich an die riesige Arbeit und erlebte zusammen mit dem Brunnen-Verlag in Gießen die große Überraschung, daß die Zeit reif war für einen für jedermann verständlichen Text mit Erklärungen. In wenigen Jahren wurden allein vom Neuen Testament 300 000 Exemplare verkauft! Insgesamt liegt die Auflage jetzt bei 450 000!

Ungezählte Briefe zeugen davon, daß Menschen unserer Zeit aus den verschiedensten Schichten durch diese Übertragung einen Zugang zur Bibel und oft auch zum Glauben gefunden haben. Einschränkend muß man feststellen, daß die »Bruns-Bibel« sicher nicht die genaueste und philologisch sauberste Übersetzung ist. Auch geben die Erklärungen unter den Textabschnitten nicht den neusten Stand wissenschaftlicher Forschung wieder. Aber darum geht es in dieser Bibelübertragung ja auch nicht, sondern sie will eine Dolmetscherin der Heilswahrheiten in das Leben der Menschen von heute sein.


*Ein Leben bis an den Rand gefüllt*

Als mein Vater bereits über 60 Jahre alt war, weilte er zu einem Dienst in Mannheim. Mitten während dieser Arbeit, bei der er täglich mehrere Male sprach und zwischendurch viele seelsorgerliche Aussprachen hatte, wurde er von einer Grippe befallen, die ihn zum Hinlegen zwang. Es war das einzige Mal bis kurz vor seinem Sterben, daß er für 3–4 Tage erkrankte. Er rief sofort zu Hause an, fast ein wenig fassungslos, daß er nun zum »Nichtstun« verurteilt war. Er besaß sonst eine unverwüstliche Gesundheit und Energie. Seine Schaffenskraft konnte andere, die Vergleiche anstellten, deprimieren; denn er leistete oft mehr als das Doppelte eines »Kollegen«.

In seiner ostfriesischen Gemeinde Hollen besuchte Hans Bruns alle Familien (es waren über 2000 Gemeindeglieder) zweimal im Jahr. Dazu war er schriftstellerisch tätig, hielt viele Evangelisationen, führte Bibelkurse durch, tat seinen sonntäglichen Dienst und vieles andere. Er war wie ein Schnellzug, im Denken und im Reden. An fast jedem Morgen seines Lebens schrieb er nach seiner ausführlichen stillen Zeit über der Bibel und der Fürbitte 10, oft 20 Karten, alle im »Telegrammstil«, so daß viele nicht alles entziffern konnten. Aber jeder bekam postwendend Antwort. Normalerweise erhielt er 20 und mehr persönliche Briefe an einem Tag. Dann folgten mancherlei Telefonate.

Wenn Hans Bruns unterwegs war in einer fremden Stadt, so nützte er jede freie Minute aus, um vom Bahnhof aus jemanden anzurufen. Am glücklichsten war er, wenn er nachts zu seinen vielen Diensten fahren konnte, damit die Tage voll eingeteilt werden konnten.

So war sein Leben bis an den letzten Rand gefüllt. Unsere Mutter sehnte sich manchmal danach, auch einmal einen Urlaub zu verleben, zu dem nicht irgendein Kurpredigerdienst ihres Mannes gehörte. Sie konnte sich aber nur an drei Tage erinnern, wo sie beide einmal ganz privat waren. Vater brauchte Menschen um sich herum, und er sprach sie sehr schnell an, immer mit dem ihm heiligen Anliegen, daß sie Jesus kennenlernen möchten. Er hat wohl kaum eine Reise gemacht, bei der nicht im Zug mit den Mitreisenden ein Gespräch über Jesus und den Glauben geführt wurde.

Am Schluß nahm Gott diesen vitalen und rastlosen Mann, der kaum Müdigkeit kannte, in die Stille. Etwa ein Jahr vor seinem Tode ließen seine Kräfte zusehends nach. Er konnte das schwer begreifen, aber er lernte es, auch diese Tage bewußt zu bejahen und aus Gottes Hand zu nehmen. Oft sprach er nun von *seinem* Sterben, durchlebte die Lieder Paul Gerhardts, las den Philipperbrief und brachte alles in Ordnung, indem er zu Menschen hinging oder ihnen schrieb, mit denen noch etwas zu klären war. Ein Gotteswort, das er oft anderen in ihre Bibel hineingeschrieben hatte, wurde nun seine letzte existentielle Erfahrung: *»Ich bin in guter Zuversicht, daß, der in euch angefangen hat das gute Werk, der wird es auch vollführen bis an den Tag Jesu Christi«* (Phil. 1, 6).

Warner Bruns

## Das Wort »traf«

Wie schlicht, praktisch und persönlich Hans Bruns redete und schrieb, so daß sein Wort »traf« – davon noch zwei Beispiele:

### *»Weiße« Sünden*

»Sobald das Wort *Sünde* fällt, denken die meisten Menschen etwa an Mord, Diebstahl, Ehebruch usw. Darum kann man es tatsächlich erleben, daß Menschen einem sagen: ich weiß gar nicht, was Sünde ist, ich habe keine Sünde getan. Weil sie keinen Menschen totgeschlagen oder bestohlen haben, weil sie ihre Ehe, äußerlich gesehen, ›gut geführt‹ haben, meinen sie, ohne Sünde zu sein, und sind ganz erstaunt, daß man das bezweifelt oder wenigstens von sich selbst etwas ganz anderes sagt.

Darum hat man dies sonderbare Wort geprägt: *weiße* Sünden. Man wollte und will damit unterstreichen: es gibt *schwarze* Sünden, das sind etwa die genannten; es gibt aber auch *weiße* Sünden. In Wirklichkeit kann man den Unterschied gar nicht so machen, er gilt vor Gott nicht, er gilt überhaupt nicht. Aber um klarzumachen, daß Sünde leider viel mehr ist, als wir meist denken, hat sich diese Unterscheidung und diese Kennzeichnung gut bewährt. Ich kenne nicht wenige Menschen, die geradezu erschraken und ganz neu über ihr Leben nachzudenken anfingen, nachdem sie von den *weißen* Sünden gehört hatten, ja die erst dadurch begriffen, daß auch sie Sündenvergebung nötig hatten . . .

Was sind denn nun *weiße Sünden*? Ich will einmal vier nennen, und jeder mag sich dann prüfen, wie es bei ihm damit steht.

*Neid* – wo war ich neidisch?
*Schadenfreude* – wo war ich schadenfroh?
*Geiz* – wo war ich geizig?
*Ärger* – wo habe ich mich oder andere geärgert?
Alle *weißen* Sünden sind vor Gott genau so ernst zu nehmen wie die schwarzen.

Gut, wenn wir beten lernen:

›*Auch unsere unerkannte Sünde stellst du ins Licht vor deinem Angesicht*‹ (Ps. 90, 8).«

## »*Ich klopfe hier Steine und warte auf Jesus*«

»Ein reicher Industrieller fuhr mit seinem Wagen durch eine ihm unbekannte Gegend. Er hatte sich eigentlich bei einem Straßenarbeiter nur nach dem Weg erkundigen wollen; der Mann hatte freundlich geantwortet, dann hatte der Autofahrer fast ein bißchen ›herablassend‹ gefragt: ›Was machen Sie denn da den ganzen Tag?‹ Da kam die Antwort des Mannes: ›Ich klopfe hier Steine und warte auf Jesus.‹

Er hat dadurch nicht nur einen Blick tun lassen in sein Herz und Glaubensleben, er hat wohl völlig unbewußt eine gute ›Lebensparole‹ ausgesprochen: es gibt viele Menschen, die ›nur‹ ihre Arbeit tun, aber von Jesus und all den Dingen, die er wollte und brachte, nichts wissen und wissen wollen. Es gibt wohl auch Menschen, die ›nur‹ auf Jesus warten und darüber schier die Arbeit vergessen.

Beides ist falsch. Wer nur in der Arbeit aufgeht, wird zum Arbeitssklaven; wer nur in der Hoffnung lebt, wird zum Schwärmer.

Dieser schlichte Arbeiter machte es richtig: er tat seine Arbeit.

Steineklopfen ist wohl keine sehr geistvolle Arbeit; vielleicht ist sie aber um so schwerer. Er tat sie treu und ernährte damit seine Familie. Er hatte aber auch die Botschaft von Jesus ins Herz aufgenommen und lebte in ihr, darum konnte er auf die Frage des Fahrers so antworten.

Beides zusammen ist echte biblische Haltung: jeder an seinem Platz die Arbeit tun, die ihm aufgetragen ist, und doch dabei den Blick auf den lebendigen und wiederkommenden Herrn nicht vergessen!

Jeder in seiner Lage mit Kopf und Herz ausgerichtet sein auf den Herrn und gerade darum um so treuer erfunden werden in der Arbeit!

So sagt es Jesus den Seinen:

›Handelt, bis daß ich wiederkomme!‹ (Luk. 19, 13).«

# Werner Heukelbach

*Geb. 8. Mai 1898 in Wiedenest (Oberbergischer Kreis, Rheinland). Mit 16 Jahren bei der Deutschen Reichsbahn eingetreten. Teilnehmer am Ersten Weltkrieg. Nach der Entlassung bis 1933 wieder bei der Reichsbahn. Klare Hinwendung zu Christus. Als Bahnhofsvorsteher mit 35 Jahren wegen einer Herzerkrankung in den dauernden Ruhestand versetzt. Ausgedehnte Tätigkeit als Evangelist in Zeltarbeit, Schriftenmission und Rundfunksendungen. Gest. 5. 2. 1968 an den Folgen eines Herzinfarkts.*

## Vorlaufende Gnade

Werner Heukelbach entwickelte sich in seinen Jugendjahren schon früh zu einem Spötter, der sich mit Vorliebe über Gott und über die Ewigkeit lustig machte. Er ging den Weg der Sünde und verstrickte sich immer mehr in die zweifelhaften Freuden dieser Welt. Selbst die Schrecken des Ersten Weltkrieges, in den er als achtzehnjähriger hinauszog, brachten ihn nicht zur Besinnung. Im Gegenteil, das rauhe Soldatenleben führte ihn noch tiefer in Sünde und Schuld. Als Folge der Strapazen, der Überanstrengung und des Malariafiebers, das er sich zuzog, trat eine Herzmuskelschwäche auf. Er mußte eine Reihe von Monaten im Lazarett verbringen. Die Krankheit war aber von Gott schon mit eingeplant für die Aufgabe, die er Werner Heukelbach einmal übertragen wollte. Sie führte nämlich zu seiner frühen Pensionierung, und dadurch wurde er frei für den Dienst seines Herrn.

Es war vorlaufende Gnade, daß Werner Heukelbach schon so früh in die Leidensschule genommen wurde. Und in vorlaufender Gnade sorgte Gott dafür, daß der etwas rauh veranlagte junge Mann der Mutter beim Lesen der Blaukreuzblättchen zuhören mußte. Hinzu kam das ständige Gebet seiner gläubigen Schwester und die vielen Zeugnisse solcher, die dem Herrn Jesus angehörten.

Zunächst allerdings trotzte Werner Heukelbach noch der Gnade Gottes. Als er mit 21 Jahren die Kriegs- und Soldatenzeit hinter sich hatte, versuchte er mehr denn je, die Freuden der Welt zu genießen. Die Versuche, ihn zur Besinnung zu bringen, schlugen fehl. Er brüstete sich sogar als Gottesleugner.

Doch der, welcher dem Menschen die Ewigkeit ins Herz gesenkt hat, wußte auch diese rauhe Schale zu durchbrechen und ein Sehnen nach Erfüllung und Frieden zu wecken. Dadurch entstand ein schwerer innerer Kampf. Dieses Sehnen und Verlangen verstand Werner Heukelbach eine Zeitlang meisterhaft zu verbergen. Nach seinen eigenen Worten fragte ihn eines Tages sein gläubiger Chef, ein Bahnhofsvorsteher: »Wodurch glauben Sie denn errettet zu werden?« Er antwortete: »Dadurch, daß ich die Gebote halte, Gutes tue, nicht sündige und mich abmühe, ein anständiger Kerl zu sein.« Darauf kam die prompte Antwort: »Dann sind Sie verloren! Niemand ist imstande, die Gebote Gottes zu halten. Wer eine Sünde tut, ist vor Gott schuldig, als ob er alle Gebote übertreten hätte. Auf diesem Wege werden Sie die Herrlichkeit Gottes nie erlangen. Ich will Ihnen aber einen anderen Weg zeigen: ›*Das Blut Jesu Christi, des Sohnes Gottes, macht rein von aller Sünde*‹ (1. Joh. 1, 7). Klammern Sie sich an das Werk der Erlösung, an das Kreuz von Golgatha, an das Blut Jesu, das auch für Sie geflossen ist. Kommen Sie so mit Ihrem Leben, wie Sie es gelebt haben, zu dem Herrn Jesus. Sie selbst können es nie wieder in Ordnung bringen. Tun Sie aufrichtig Buße, verurteilen Sie alles, was nicht im Lichte Gottes bestehen kann. Dann wird Gott Ihrer Sünden und Übertretungen nie mehr gedenken. Tun Sie es nicht, dann sind Sie verloren. Nun gehen Sie!«

*Heimat für Heimatlose*

Werner Heukelbachs innere Not wurde immer größer. Die Sünden des ganzen Lebens standen vor ihm. Die Last war kaum zu ertragen. Er eilte auf den Speicher, warf sich auf die Knie und rief: »O Gott, wenn du lebst, dann tue dich mir kund! Dann will ich dir dienen, dann sollst du mein Gott sein!«

Keine Antwort. Dann lief der Geängstigte in den Keller und rief dasselbe. Satan, der Feind Gottes und der Menschen, setzte ihm so hart zu, daß er sich mit dem Gedanken trug, seinem Leben ein Ende zu machen. Er suchte die Waldstille auf und rief dort ebenfalls um Gnade. Der Kampf dauerte noch einige Zeit. Dann hörte er anläßlich einer Evangelisation in seinem Heimatort einen Vortrag über das Opfer Jesu am Kreuz, das frei macht von Sünde und Schuld und jedem Glaubenden aus dem Gericht zur Rettung hilft.

Als dann der Chor sang:

»Blutstropfen sind's von Golgatha,
Heimat für Heimatlose«,

da fiel es dem Suchenden wie Schuppen von den Augen. Nun wußte er: Ihn, diesen Retter, muß ich haben! Aber wie? An der Saaltür sprach ihn eine gläubige Frau an und führte ihn zu einer Aussprache mit dem Evangelisten. Die beiden beugten ihre Knie, und Werner Heukelbach rief zum erstenmal in seinem Leben den Herrn Jesus um Vergebung seiner großen Sündenschuld an. Die Buße ging tief, und das ganze Leben wurde im Licht des heiligen Gottes aufgedeckt. Doch auch die Gnade leuchtete auf, und unser Freund konnte es plötzlich fassen: *»Fürchte dich nicht, denn ich habe dich erlöst; ich habe dich bei deinem Namen gerufen, du bist mein«* (Jes. 43, 1).

## O selig Haus!

Durch diese Gewißheit des Heils zog tiefer Gottesfriede in das Herz des Erlösten. Er strömte über von heißer Dankbarkeit, und auf dem ganzen Heimweg jubelte seine Seele: »Mein Heiland, mein Retter, wie danke ich dir für solch eine Seligkeit!« Manchmal hat er mir von seinem Glück erzählt, wie die Freude sich nicht mehr hätte steigern können.

Mit strahlendem Blick erzählte Werner Heukelbach zu Hause seiner Frau von seiner Heilserfahrung. Er hatte damit gerechnet, daß sie ihn auslachen würde. Doch weit gefehlt. Sie blickte ihn mit großen Augen an und sagte: »Gibt es so etwas auch für mich? Auch ich sehne mich so sehr nach Frieden und Glück!«

Nachdem er ihr den Weg des Heils erklärt hatte, begann ein Gebetskampf. Drei bis vier Tage lang benutzte er jede Gelegenheit, für seine Frau zu beten. Nachts lag er ebenfalls stundenlang auf seinen Knien. Die Erhörung blieb nicht aus. Nach vier Tagen kam seine Frau zu ihm und sagte: »Jetzt bin auch ich aus aller Not heraus, jetzt kann ich glauben, daß der Herr Jesus mein Retter und Erlöser ist.« Nun waren Mann und Frau in Jesu Liebe verbunden. Die Kinder, die ihnen geschenkt wurden, wählten im Lauf der Jahre eins nach dem andern die Nachfolge Jesu. In dieser Familie bewahrheitete sich, was der Dichter singt:

»O selig Haus, wo man dich aufgenommen,
du wahrer Seelenfreund, Herr Jesus Christ!«

## Gerettetsein gibt Rettersinn!

*»Mit dem Herzen wird geglaubt zur Gerechtigkeit, und mit dem
Munde wird bekannt zum Heil«* (Röm. 10, 10). So erging es auch
meinem Freunde Werner Heukelbach. Unmöglich konnte er sein
Glück verschweigen. Überall, wo sich eine Gelegenheit bot, ob auf
dem Bahnsteig, wo er als Fahrdienstleiter tätig war, oder unter seinen Berufskollegen und Freunden bezeugte er, was der Herr an
seiner Seele getan hatte. Auch eilte er in das Wirtshaus, wo er früher
so manche Nacht durchgezecht hatte, und erzählte dem Wirt, daß
er ein neuer Mensch in Christus geworden sei.

Die Freizeit benutzte der mutige Zeuge dazu, die umliegenden
Dörfer mit christlichen Traktaten zu versorgen. Von Haus zu Haus
eilte er und überbrachte die Botschaft seines Meisters. Ein unbän-
diger Drang, Menschen dem Herrn Jesus zuzuführen, erfüllte sein
Herz. In dieser Kleinarbeit erwarb sich Werner Heukelbach die
Freimütigkeit für die späteren größeren Aufgaben. Als er nach seiner Errettung den ersten Evangelisten hörte, betete er flehentlich:
»Herr Jesus, gewähre mir die Bitte und laß mich Evangelist werden!«

## Die Quelle der Kraft

Werner Heukelbach war ein einfacher Mann. Und doch, wer ihn
gekannt und gehört hat, weiß um die Vollmacht, die er besaß. Seine
Verkündigung stand unter der Kraft des Heiligen Geistes. Wo er
das Zeugnis von Jesus sagte, da fielen Entscheidungen. Seine Ausrüstung holte sich der Bote auf den Knien im Kämmerlein. Stundenlang besprach er alles bis ins kleinste mit seinem Gott. Viele, die
ihn später bei Evangelisationen beherbergten, berichten davon, wie
sie Bruder Heukelbach in den frühen Morgenstunden beten hörten.
Er pflegte halblaut zu beten; denn er meinte, man würde dann nicht
durch Nebengeräusche und Zwischengedanken abgelenkt.

Für Werner Heukelbach war das Gebet das Atmen der Seele. Oft
hat er folgende Hinweise gegeben: Man muß sich immer wieder neu
mit den Kräften aus der oberen Welt füllen lassen. Alles muß man
dem Herrn hinlegen und sich viel Zeit nehmen, um Himmelsluft
einzuatmen. Ohne die Gebetsstille gibt es kein fruchtbares Glaubensleben. Man darf aber auch das Ausatmen nicht vergessen, das
Loben und Danken.

Das Gebet war bei Werner Heukelbach immer mit einer Demütigung verbunden. Manchmal habe ich neben ihm gekniet und seine Beugung vor Gott miterlebt. Einmal waren wir sechs Tage lang jeden Tag sechs Stunden zusammen auf den Knien. Was sind das doch für gesegnete Zeiten, in denen der Herr aus seiner Fülle in die leeren Gefäße gießen kann! Das ist die rechte Ausrüstung für große Aufträge. In der Beugung schonte er sich nicht. Immer wieder flehte er zum Herrn: »Schone mich nicht! Nimm das Winzermesser und schneide die wilden Triebe weg. Schlag nur zu, Herr, wenn es nötig ist, auch wenn es noch so weh tut. Mach mein Herz noch brennender. Gib mir noch stärkeren Hunger nach Seelen, die ich dir zuführen darf.«

Als nächstes muß ich die Liebe meines Freundes zur Bibel aufzeigen. Er war so kindlich im Glauben, daß, wenn er beim Lesen des Wortes wieder auf eine neue Verheißung des Herrn stieß, er dieselbe sofort unterstrich. Dann sprang er auf und lief freudig durchs Zimmer und rief: »Ich habe es schwarz auf weiß. Der Herr hat es mir zugesagt. Wir stehen vor großen Segnungen!« Er verließ sich buchstäblich auf die Zusagen Gottes. Er nannte die Bibel ein Bergwerk, aus dem wir die kostbaren Schätze herausholen müssen.

*Sein großes Vertrauen*

In der Hochschule des Heiligen Geistes bildete der Herr seinen Knecht für den Dienst aus, zu dem er ihn erwählt hatte. Zwei Wahrheiten waren Werner Heukelbach sehr wichtig:

1. Geschickt für den Dienst sein – das schenkt der Herr.
2. Willig dem Ruf zur Arbeit folgen – das ist unsere Aufgabe.

Beides zu befolgen und zu beachten – darauf verwandte unser Bruder seine ganze Mühe. Er war zu jeder Aufgabe bereit. Sein kindliches Vertrauen, sich nur auf den Herrn zu stützen, lernte er schon bei seinem ersten Dienst. Man hatte ihn gebeten, in einer Sonntagsschule zu den Kindern zu sprechen. Gründlich bereitete er sich vor und schrieb die einzelnen Punkte auf einen Zettel und gliederte den Abschnitt, über den er sprechen wollte. Das Anfangs- und das Schlußlied notierte er ebenfalls.

Da er an dem betreffenden Sonntag Frühdienst hatte, legte er sich nach dem Essen nieder, um sich noch etwas auszuruhen. Seinen Rock mit der Bibel, in der der Zettel lag, warf er auf das Fußende des Bettes. Er merkte nicht, daß die Bibel herausfiel. Innerlich mutig ging er zur Stunde, denn er hatte ja seinen Zettel in der Bibel. Beim

Betreten des Schulraums bemerkte er einen jungen Missionar mit seiner Frau und andere Besucher, die gekommen waren, um den jungbekehrten Eisenbahner zu hören. Er war etwas erschrocken, faßte aber schnell wieder Mut, da er ja so viel aufgeschrieben hatte.

Doch als er die Bibel nehmen wollte, fand er sie nicht. Die Gäste merkten seine Verlegenheit und sagten: »Dürfen wir Ihnen unsere Bibel geben?« Er war so verwirrt, daß er in der Bibel den Text nicht fand. Man half ihm, doch was sollte er nun sagen? In seiner Angst und Verzweiflung flehte er: »Herr, hilf mir dieses Mal, ich werde mich nie mehr auf einen Zettel verlassen, sondern stets nur auf dich!« Das Gebet wurde erhört. So hat er es fortan in all seiner Verkündigung gehalten. Gerne pflegte er zu sagen: »Die Leitung muß offen sein, damit der Zufluß von oben nicht gehemmt wird.«

Damit soll nichts gegen eine gründliche Vorbereitung gesagt sein. Wer nämlich andern etwas bringen will, der muß vorher schöpfen. Darum ist es gut, wenn jeder Bote des Herrn die verborgene Gemeinschaft mit dem Herrn im Umgang mit dem Wort und im Gebet sucht. Diese pflegte unser Bruder. In seinem Selbstzeugnis heißt es: »Weil mir natürliche Gaben und Schulkenntnisse fehlten, war ich darauf angewiesen, viel zu beten. Immer wieder habe ich vor Gott gelegen und gerufen: Herr, gib mir mehr! Siehe, dein Bote ist arm und ungeschickt, hilf mir doch, lege deine Worte in meinen Mund! Und dann erquickte mich die göttliche Zusicherung: Ich habe noch mehr, das ich dir geben kann.« –

*Größere Aufgaben*

Der Herr hielt sein Wort und gab Werner Heukelbach immer mehr Gnade, aber auch immer mehr Aufgaben. Aus der Kleinarbeit von Mann zu Mann wurden Haus- und dann Saalevangelisationen. Diese Arbeit konnte nicht mehr neben dem Eisenbahnerberuf durchgeführt werden. Wegen seiner Herzmuskelschwäche wurde Werner Heukelbach schon mit 35 Jahren pensioniert. Und dieser Mann stand dann Jahrzehnte im Dienst seines himmlischen Herrn! Ein Wunder der Gnade! Immer mehr Rufe kamen, und bald verkündigte der freudige Zeuge in den größten Sälen und Kirchen das Evangelium mit Vollmacht. Große Scharen eilten unter das Wort, und viele, viele Menschen wurden unter der Wirkung des Heiligen Geistes bewußte Gotteskinder. Oft brachen kleinere Erweckungen auf. Das Volk Gottes wurde neu belebt, und viele, die lau geworden waren, erlebten eine innere Reinigung und Neubelebung.

In Werner Heukelbach erwachte der Gedanke, die Botschaft in einem eigenen Zelt zu verkündigen. Er erkannte, daß viele Fernstehende nicht in die Kirche kommen und auch mancher nicht in einen Saal. Eines Tages fragte ihn ein Bruder, ob er einen besonderen Wunsch habe. Er gab zur Antwort: »Den habe ich schon. Ich brauche ein Missionszelt.« Daraufhin überreichte ihm der Bruder einen Scheck über 2 500 Mark. Es wurde mit einer Zeltfirma verhandelt.

Bei Vorauszahlung kostete die Zelthaut genau 2 500 Mark! Nun kamen die Freunde. Der eine lieferte kostenlos alles Holz. Ein anderer bot sich an, das Holz zu bearbeiten und Masten, Bänke und Rednerpult herzustellen. Andere lieferten die Eisenpfähle, Heringe und Haken. Als die Brüder das fertige Zelt übergaben, sagte Werner Heukelbach zu ihnen: »Brüder, heute habe ich Geburtstag. Ich hatte den Vater im Himmel um dieses Geburtstagsgeschenk gebeten. So treu ist unser Gott.«

Nun zog der rastlose Zeuge mit dem Zelt von Stadt zu Stadt. Tausende und Abertausende hörten das Wort vom Kreuz. Es ist begreiflich, daß die Männer des Dritten Reiches unserem Bruder nicht gut gesonnen waren. Verschiedentlich verwarnte man ihn. Eines Tages erhielt er Redeverbot. Da ging er in die Stille und suchte Gewißheit, auf welch andere Weise er dem Herrn dienen könnte.

Der Gedanke, eine Schriftenmission aufzubauen, reifte immer stärker. Mit seiner Frau und den Kindern hatte unser Bruder sie schon länger in kleinerer Form betrieben. Er hatte selbstgeschriebene Traktate drucken lassen und sie verschickt. Auf diesem Gebiet sah er eine Möglichkeit, viele Leute zu erreichen. Sein Wunsch war, allen deutschsprechenden Menschen das Evangelium zu bringen. Er warb um Freunde, die das Verteilen der Schriften übernahmen. Das war eine mühselige und fast unglaubliche Kleinarbeit, die sich wohl nur der vorstellen kann, der so etwas einmal selber gemacht hat. Erst heute, wo diese ganze Arbeit sehr erleichtert wird durch Maschinen und durch eingearbeitetes Personal, erkennt man, wie schwer der Beginn gewesen ist. Aus kleinsten Anfängen entstand das große, weltweite Werk der Schriftenmission, durch welche Werner Heukelbach in mehr als 50 verschiedene Länder vorstieß, wo Menschen der deutschen Sprache mächtig sind. Mehrere Millionen Traktate, Schriften, Broschüren und Bilderbücher werden heute monatlich gedruckt und kostenlos verbreitet. Tausende von Bibeln und Neuen Testamenten gingen und gehen – ebenfalls kostenlos – hinaus in alle Welt.

Werner Heukelbach litt darunter, daß so wenige Kinder Gottes sich zu wirklichen Schriftenmissionaren erwecken ließen. Er stellte sich die Frage: Wie kann ich trotzdem die breite Masse der deutschsprachigen Menschen mit dem Evangelium erreichen? Er begann mit einer ausgedehnten Pressemission. Millionen von Zeitungsbeilagen mit einer klaren biblischen Botschaft wurden veröffentlicht. Diese Pressemission wurde von Jahr zu Jahr ausgebaut, so daß in mehr als 25 Millionen Zeitungsexemplaren der Hinweis zu lesen war: »GERADE DU BRAUCHST JESUS!«

Hinzu kam die Rundfunkmission. Man trat an Werner Heukelbach heran und bat ihn, auch über den Rundfunk das Evangelium zu verkündigen. Er erbat sich 24 Stunden Bedenkzeit. Dann wurde es ihm klar, sich auch für diesen Dienst einzusetzen.

Der Ruf: »GERADE DU BRAUCHST JESUS!« hat inzwischen viele, viele Millionen Menschen erreicht. Manche von ihnen haben eine innerliche Erneuerung erfahren. 50 Sendungen und mehr werden heute monatlich vom Missionswerk Werner Heukelbach ausgestrahlt. Die Überseesendungen laufen unter der Überschrift: »Die Stimme der Heimat.« Manche Brüder helfen bei dieser wichtigen Arbeit der Radiomission.

Zu erwähnen ist auch die Telefonmission, die Werner Heukelbach in 54 Städten aufgebaut hat. Tag und Nacht können hier bedrängte und suchende Menschen anrufen. Viel Segen durfte schon durch diese Arbeit erfahren werden.

Noch etwas besonders Originelles: In mehr als 600 Flugstunden ist den Menschen mit einem Flugzeug-Banner das Wort: »GERADE DU BRAUCHST JESUS!« zugerufen worden. Dieser Dienst hat nachhaltige und entscheidende Wirkungen gezeigt.

Dankbar dürfen wir sagen, daß die Arbeit, die der Heimgegangene im Glauben an seinen Herrn getan hat, von der jüngeren Generation in seinem Sinne und in voller Verantwortung weitergeführt wird.

Josef Kausemann

# Erich Sauer

*Geb. 31. 12. 1898 in Berlin. Studium von Geschichte, Englisch und Theologie. 1920 Mitarbeiter in der Bibelschule Wiedenest. 1937 Leiter der Schule. Gest. 25. 2. 1959.*

*Die ersten prägenden geistlichen Eindrücke*

Erich Sauer war ein besonders begnadeter und bestätigter Lehrer des Wortes Gottes. Sein Dienst war immer und überall sehr begehrt. Die Bibelschule in Wiedenest hat er ganz entscheidend geprägt. Durch seine Bücher und Vortragsreisen ist er in den evangelikalen, bibelgläubigen Kreisen in ganz Europa und in Amerika bekannt geworden. Selbst in einige asiatische und afrikanische Sprachen sind seine Bücher übersetzt worden.

Erich Sauer wuchs zusammen mit seiner etwas älteren Schwester in wirtschaftlich sehr bescheidenen Verhältnissen auf. Der opferfreudigen Selbstlosigkeit seines Vaters verdankte er es, daß ihm der Weg zur Ausbildung geöffnet wurde. Das Werden seines Glaubenslebens war mit der geistlichen Entwicklungsgeschichte seiner Mutter verbunden.

Diese war durch die Goßnersche Mission erweckt worden und in der Christlichen Gemeinschaft (»Offene Brüder«) Berlin-Hohenstaufenstraße 65 zur Heilsgewißheit gekommen – in der Muttergemeinde der dort 1905 gegründeten und 1919 nach Wiedenest (Oberbergischer Kreis, Rheinland) verlegten Bibelschule für Innere und Äußere Mission. Zu deren Gründern gehörten Dr. Friedrich Wilhelm Baedeker, der bekannte Missionar von den »Offenen Brüdern« in Rußland und Sibirien, General von Viebahn, der in weiten christlichen Kreisen sehr geschätzte Evangelist aus der Christlichen Versammlung (»Elberfelder Brüder«), die Missionsinspektoren Mascher und Simoleit von der Baptistischen Mission in Kamerun, ferner die beiden mit der Blankenburger Allianz-Konferenz eng verbundenen Freiherren v. Thümmler und v. Tiele-Winckler. Der letztere war der Bruder von Mutter Eva vom Diakonissen-Mutterhaus »Friedenshort«.

Das Ein- und Ausgehen dieser und anderer gesegneter Gottesmänner jener Erweckungszeit, die aus den verschiedensten christlichen Kreisen kamen, bewirkte bei allen, die sie hörten und sahen, einen nachhaltigen Eindruck; auch der Mutter Sauer wie später dem Sohn öffneten sich die Augen für die Wirklichkeit des Gotteswortes an der Vorderfront des Versammlungshauses in der Hohenstaufenstraße: »Allzumal einer in Christus Jesus«. Auch der Missionsgedanke fand dort durch viele Besuche von Missionaren Vertiefung und Förderung.

Weitere entscheidende Eindrücke gewann Erich Sauer in der Sonntagsschule. Kurz vor seinem 14. Geburtstag vollzog er eine gründliche Übergabe seines Lebens an den Herrn Jesus. Er trieb fortan intensives Bibelstudium, besuchte die Versammlungen und war ein eifriger Zeuge in der Schule, auf der Straße und in der Gemeinde. Besonders beeindruckte ihn das Lebensbild von William Carey (1761–1834), dem großen Pionier und Bahnbrecher der neueren Weltmission. Unter einem Missionsvortrag des China-Missionars Ernst Kuhlmann hat Erich Sauer bereits als Vierzehnjähriger seine Berufung in den Missionsdienst verspürt, die ihm später niemals, trotz mannigfacher innerer Glaubenskämpfe, je wankend geworden ist.

*Zwei Krisen und ihre Lösung*

Erich Sauer besuchte das Realgymnasium und studierte anschließend Geschichte, Englisch und Theologie. Während seines Universitätsstudiums erlebte er eine starke innere Krise. Durch die Beschäftigung mit der Philosophie packten ihn schwere Zweifel, ob man über Gott und seine Existenz überhaupt etwas wissen könne. Gott jedoch zeigte ihm die Wurzel seines Abgleitens. Er hatte bei allem Einsatz für Jesus das Gebet, die Pflege der Gemeinschaft mit ihm vernachlässigt. Damit war er unfähig geworden, dem Feind zu widerstehen. Als er wieder in die Gemeinschaft mit Gott zurückgebracht war, waren ihm theoretisch zwar nicht sämtliche Probleme gelöst, aber er hatte eine befreiende und bleibende Einsicht gewonnen: Der große Gott ist überhaupt nicht auf dem Wege des Verstandes zu erkennen, sondern allein auf dem Wege lebendiger Glaubenserfahrung. Geringschätzung aller menschlichen Spekulation, Sichbescheiden auf die Grenzen der göttlichen Offenbarung, absolute Beugung unter die Schriftautorität mit bewußter Ablehnung aller Bibelkritik, auch in ihren allerersten Anfängen – das waren die praktischen Folgerungen, die sich für Erich Sauer aus dem Kämpfen und Ringen seiner Studentenzeit ergaben.

Er erlebte in jenen Jahren noch eine andere, für sein ganzes weiteres Leben entscheidende Krise. Schon als Kind hatte er mit großer Augenschwachheit zu tun. Als er 13 Jahre alt war, warnte ein bedeutender Berliner Augenarzt seine Eltern, ihn auf keinen Fall einen Beruf ergreifen zu lassen, der viel oder gar vornehmlich Lese- oder Schreibarbeit erfordern würde. Der Arzt riet zum Gärtnerberuf. Doch Gott führte anders.

Mit 18 Jahren begann Erich Sauer sein Studium an der Berliner Universität. Schon nach zwei Semestern erlitt er einen schweren Augenzusammenbruch, der ihn an den Rand der Erblindung brachte. Ein zweiter, noch schwererer, folgte im siebten Semester. Auf der Berliner Blindenschule erlernte er die Blindenschrift. Man empfahl ihm für eine Zeitlang einen Aufenthalt auf dem Lande. Johannes Warns, der damalige Leiter der Bibelschule, lud ihn nach Wiedenest ein. Das war 1920.

In Wiedenest hat Erich Sauer die Wirkungsstätte seines Lebens gefunden für fast vierzig Jahre. Genau umgekehrt ist sein Dasein verlaufen, wie die Ärzte es für allein tragbar gehalten hatten. Wieviel Lese- und Schreibarbeit, wieviel intensives Studium und anstrengende Lehrtätigkeit, wie viele Reisen im In- und Ausland haben sein Leben ausgemacht! Und das alles mit Augen, die ihn täglich seine absolute Abhängigkeit vom Herrn empfinden ließen!

*Weite Schau, weites Wirken*

Nach dem Heimgang von Johannes Warns im Jahre 1937 übernahm Erich Sauer die Leitung der Bibelschule, die 1952 auch Missionshaus geworden ist. Er hat den Aufbruch zur Außenmission in den fünfziger Jahren noch miterlebt.

Unermüdlich war Erich Sauers Schriftforschung und umfangreich sein Wissen. Er war weit herumgekommen in fast allen europäischen Ländern, auch in Nordamerika und in den Ländern der Bibel, Ägypten, Palästina, Türkei und Griechenland. Er hatte eine weite Schau, bei ihm war nie etwas Verengtes. Jahrelang wirkte er mit im Blankenburger Allianz-Komitee. Er selbst sagte es so: »Die Ernte, die Missions-, die Gnadenernte ist so groß, daß die dazwischenstehenden Zäune kleiner sind als die Größe der Ernte.« Damit hat er sein Verhältnis zur Allianz der Gläubigen und zu dem gemeinsamen Dienst im Reiche Gottes zum Ausdruck gebracht.

1930 gab Erich Sauer sein erstes Buch heraus: »Zweck und Ziel der Menschenschöpfung.« Diesem folgte 1937 »Das Morgenrot der Welterlösung« und »Der Triumph des Gekreuzigten«. Es handelt sich dabei um einen Gang durch die alt- und neutestamentliche Heilsgeschichte. 1940, im ersten Kriegsjahr, erschien »Vom Adel des Menschen«, 1950 »Der göttliche Erlösungsplan von Ewigkeit zu Ewigkeit«, 1952 »In der Kampfbahn des Glaubens« sowie »Gott, Menschheit und Ewigkeit« und 1955 »Es geht um den ewigen Siegeskranz«. Gerade noch vor seinem Heimgang im Jahre 1959 hat Erich Sauer sein letztes Buch im Manuskript fertiggestellt: »Der König der Erde, ein Zeugnis vom Adel des Menschen nach Bibel und Naturwissenschaft«. Seine Werke sind inzwischen in den meisten europäischen Sprachen erschienen, ferner in Japanisch, Chinesisch, Koreanisch sowie in den afrikanischen Sprachen Haussa und Duala.

»Ziel dieser Arbeit ist«, wie der Autor es selbst einmal formuliert hat, »einen Überblick zu gewinnen über die Heilsgeschichte der Bibel, d. h. den allgemeinen Geschichtsplan und die Menschheitsentwicklung so anzuschauen, wie sie sich in ihrer harmonischen Mannigfaltigkeit, ihrer kosmischen Weltweite und ihrer etappenmäßigen Ordnung, von der Offenbarung der Schrift aus gesehen, dem Glauben darstellen. Denn in diesem Sinne gibt uns die Heilige Schrift eine geradezu überwältigende Gesamtschau. Sie zeigt uns den göttlichen Heilsplan als farbenreiche Periodenkette, als Stufengang, der nach oben führt, als Siegeszug ewiger Gottesliebe, also gleichsam als eine durch die Jahrtausende hindurchgehende ›Pilgerreise‹ göttlicher Heilsgedanken und Heilstaten von der Weltschöpfung an bis hin zum himmlischen Jerusalem. Welche Tiefe himmlischer Weisheit! Welche Gottesordnung harmonischer Zeitalter! Welches Ziel des geschöpflichen Gesamtwerdens: ›Auf daß Gott alles sei in allen!‹«

Man hat Erich Sauer mit Recht einen »Haushalter der Geheimnisse Gottes« genannt. Er besaß einen scharfen Blick für die Proportionen der biblischen Wahrheiten. Er hat sich nicht einseitig auf die eine oder andere Teilwahrheit festgelegt, sondern stets das Schriftganze bedacht. Er war gesund in der Lehre. Groß war der Verstand dieses Mannes, aber größer noch war sein Gemüt. Und alles stellte er in den Dienst des Herrn. Bewundernswert war seine Gradlinigkeit und Zielstrebigkeit. Auch konnte er durchschauen, die Situation erkennen und die Geister unterscheiden. Und dabei verbreitete er stets eine Atmosphäre wohltuender Freiheit, nichts war erzwungen und nichts gezwungen. Auffallend war auch seine Bescheidenheit, seine Demut. Er vertraute Gott und konnte in noch ungeklärten Situationen sagen: »Der Glaube kann warten.«

### Der Wandel im Königsadel der Erlösung

In dem Bild des Menschen und Jüngers Jesu Erich Sauer wie wir es in Kürze dargestellt haben, zeigt sich etwas von dem »Königsadel der Erlösung«. Sauer war mit der Naturwissenschaft gut vertraut und hat darum gewußt, wie klein der Mensch vom kosmischen Gesichtspunkt aus ist. Erst recht hat der Mensch in der natürlichen Gebundenheit an seine Sünde und Ichhaftigkeit keinen Grund, groß von sich zu denken. Aber das göttliche Wunder der Erlösung in Christus erhebt ihn in einen wahrhaft königlichen Stand. Darüber wollen wir Sauer selber hören:

»Das Wesen des Königsadels der Kinder Gottes ist das Bild Jesu in ihnen, das Bild des himmlischen Königssohnes. Im Sohne des Höchsten sind sie zu Söhnen bestimmt. ›Er in ihnen und sie in ihm‹ – das ist das Geheimnis des neuen Lebens.

Göttlich geadelte Menschen sind frei von den Fesseln der Sünde (Röm. 6, 18; Gal. 5, 1). Sie sind aus dem Kerker der Versklavung versetzt in den Königspalast der Erlösung. Wenn das Böse sie anficht, so haben sie gottgeschenkte Siegeskraft. ›Die Sünde wird nicht über euch herrschen‹ (Röm. 6, 14).

Göttlich geadelte Menschen stehen in königlicher Freiheit über den Verhältnissen. Von allen Hemmungen des Irdischen blicken sie hinweg zu den Kraftquellen des Himmlischen. Darum ist ein Wandel im Königsadel der Erlösung zugleich ein Leben in heiliger Sorgenfreiheit. Als Kinder des Höchsten glauben sie praktisch das Wort Jesu: ›Euer Vater weiß, was ihr bedürft‹ (Matth. 6, 32).

Göttlich geadelte Menschen sind frei vom menschlichen Urteil (1. Kor. 4, 3; Gal. 1, 10). Bei aller Rücksichtnahme auf die Menschen um des christlichen Zeugnisses willen (Eph. 5, 15; Röm. 14, 18; 15, 31b) lehnen sie alle Menschenknechtschaft ab (1. Kor. 7, 23), ebenso Augendienerei (Kol. 3, 22), Menschenfurcht, Abhängigkeit von Mode und Zeitgeist und überhaupt jedes Hin- und Hergeworfenwerden von den wechselnden Schwankungen weltanschaulicher und religiöser Zeitströmungen. Ein Diener des Herrn weiß: ›Vor den Menschen ein Adler, vor Gott ein Wurm.‹ So verbindet er Demut mit Hochgefühl, Bescheidenheit mit Adelsbewußtsein, Unterordnung mit königlichem Darüberstehen. Darum schämt er sich auch seines himmlichen Königs nicht und ist vor den Menschen ein mutiger Bekenner (Röm. 1, 16; Mark. 8, 38).

Göttlich geadelte Menschen haben eine Großzügigkeit des Denkens. Sie können königlich tragen, königlich vergeben, königlich dienen . . . Sie nehmen dankbar das Geschöpfliche aus den Händen des großen Schöpfers. Königlich stehen sie über dem irdischen Besitz. Sie haben das Geld, aber das Geld hat nicht sie! Sie sind Besitzer und doch nur Verwalter, Gesegnete und Segnende, Beschenkte und Schenkende, königlich klug in bezug auf das wahrhaft Bleibende; denn ›*die Gestalt dieser Welt vergeht*‹ (1. Kor. 7, 31b).«

Erich Sauer hat nicht gemeint, daß alle diese geschilderten Züge jederzeit mühelos an den Kindern Gottes zu sehen sind. Sie haben sie vielmehr in dem »*Kampf, der uns verordnet*« ist, in der Gnade und Kraft von oben zu verwirklichen. Daß aber tatsächlich in den königlich geadelten Jüngern Jesu ein Stück vom Wesen ihres Herrn durchleuchtet, davon ist Erich Sauer für die, die ihn kannten und mit ihm umgingen, ein überzeugender Beweis gewesen.

## Zeit ist Ewigkeit

Es ging Erich Sauer ganz besonders um den rechten Nachwuchs für den Gemeinde- und Missionsdienst. Seine Schüler sind hinausgegangen in alle Welt. Er hat es ihnen immer wieder gesagt: »Zeit ist Ewigkeit. Wenn wir unsere Zeit nicht an die Ewigkeit knüpfen, werden wir Egoisten und Pharisäer.« Heute geben viele Schüler in der ganzen Welt weiter, was sie ihr Lehrer Erich Sauer im Unterricht und durch seine Bücher gelehrt hat.

Gott hat Erich Sauer durch 25 Jahre hindurch eine reich gesegnete Ehe mit der jüngsten Tochter des ersten Leiters der Bibelschule, Christoph Köhler, geschenkt. Sie war ihm in allem und besonders wegen seiner steten Augenschwäche die unentbehrliche Mitarbeiterin. Seine einzige Tochter wird die Güte ihres Vaters, sein leuchtendes Bild und Vorbild bewahren. Kurz nach Vollendung seines 60. Lebensjahres, am 25. 2. 1959, hat Gott seinen Diener zu sich gerufen.

Ernst Schrupp

# Max Runge

*Geb. 18. 10. 1898 in Breslau. Lehre als Textilkaufmann. Teilnahme am Ersten Weltkrieg. Bekehrung 1919 in der Kriegsgefangenschaft. 1927 Ausbildung im »Bahnauer Brüderhaus«/Ostpreußen. Tätig in der Jugend- und Gemeinschaftsarbeit. Nach 1937 zunächst freier Evangelist, dann im Gnadauer Blaukreuzbund. Nach dem Zweiten Weltkrieg Aufbau und Leitung des »Sekretariats Gnadau-Ost«. Gest. 2. 9. 1970 unterwegs auf einer Reise in Gießen.*

*»Ich bin so richtig glücklich!«*

Helgoland, August 1970. Verhangener Himmel, Regen. Die Insel wimmelt von Tagestouristen, die trübselig auf die See hinausstarren und sich ärgern, daß sie für ihre Reise keinen Sonnentag erwischt haben. In einem der zahlreichen Restaurants stärkt sich eine kleine Gruppe, die vorher in einem Optikerladen ein kleines japanisches Fernglas erstanden hat. Ein untersetzter Mann hält das Glas – ein vorgezogenes Geburtstagsgeschenk – in den Händen, setzt es an, schaut in die Ferne, in der so gut wie nichts zu sehen ist, und murmelt vor sich hin: »Ich bin so richtig glücklich!«

Diese kleine, fast unbedeutende Szene kennzeichnet ihn genau.

Max Runge, der Evangelist, ehemaliger Reisesekretär des Deutschen EC-Verbandes, Schriftsteller und Gnadauer Sekretär, jetzt Rentner, ist aus der DDR zu seinen Kindern gekommen. Jeder Situation die beste Seite abzugewinnen, ist seine Wesensart. Doch ist es nicht nur seine glückliche Natur, die ihn dazu befähigt, sondern sein Glaube, der ihm die großen Dinge groß und die kleinen klein erscheinen läßt.

2. September 1970, 13.55 Uhr. Auf dem Bahnhof in Gießen (Hessen) drängt sich eine große Menschenschar zum Ausgang. Plötzlich

ein Aufschrei. In der Menge bricht ein Mann zusammen. Die schwere Aktentasche fällt ihm aus der Hand. Er schlägt auf das Gesicht. Die Massen drängen weiter. Ein Arzt kann nur den Tod bestätigen. Herzblock. – Der Ausweis identifiziert den Verstorbenen als einen Rentner aus der DDR. Die Kripo ist findig. Eine Stunde später sind die Angehörigen im Telefonbuch gefunden und verständigt. Max Runge, auf dem Wege zur Allianzkonferenz in Siegen, hat das Ziel seiner irdischen Reise erreicht.

## Ein Kriegsgefangener findet Frieden

*»Trachtet am ersten nach dem Reich Gottes, so wird euch solches alles zufallen.«* Unter dieser Losung der »Bahnauer Bruderschaft« aus Matthäus 6, 33 ist Max Runge einmal zum missionarischen Dienst eingesegnet worden. Dieses Wort ist ihm Richtschnur seines Lebens und Handelns geworden und geblieben. Es war kein kurzer und leichter Weg, auf dem er aus dem Bannkreis des eigenen Ichs heraustrat und dem lebendigen Gott dienen lernte.

Max Runge wuchs als Nesthäkchen einer wohlhabenden Familie auf. Er selbst schilderte seine Kindheit als eine Zeit goldenen Überflusses. Seine Familie lebte aus dem Reichtum der »Gründerjahre«, der sich aber als wenig stabil erwies und sehr schnell zerfloß. (»Gründerjahre«: die erste Zeit des Deutschen Kaiserreiches nach 1871, in der es durch die Milliarden der französischen Kriegsentschädigung zu übertriebenen Spekulationen und zahlreichen Firmengründungen kam.)

Max, als der Jüngste, hat von diesem Niedergang zunächst nur sehr wenig bemerkt. Mit Dankbarkeit erinnert er sich seiner Eltern, die ihn in Unbefangenheit aufwachsen ließen und ihn nicht hinderten, sich zu entfalten, wie es seinen Anlagen entsprach. Den Weg zum Glauben haben sie ihm allerdings nicht zeigen können. Doch ließen sie ihn den Kindergottesdienst besuchen, zu dem ein Freund ihn eingeladen hatte. Dort wurde eine Grundlage des Bibelwissens gelegt, auf der Max Runge später aufbauen konnte.

Die Konfirmation war für ihn ein rührend feierlicher Akt, der ihn heilige Entschlüsse fassen ließ, die er nie verwirklicht hat. Zum weiteren Schulbesuch reichte das Geld nicht mehr. Max kam in die Lehre und wurde Textilkaufmann. Es begann die Zeit des Suchens, »Drängens und Stürmens«. Die Welt der Bühne hatte es ihm angetan. Das spärliche Taschengeld reichte für das Stehparterre im Theater, wo sich Max Anregungen holte für seine eigenen Gedanken. In stillen Stunden entstanden erste Gedichte, in denen sich das junge unerfüllte Leben widerspiegelte.

August 1916. Der Tod seines vorzeitig aus dem Kriege heimgekehrten Bruders bewegt den jungen Grübler. Mehr noch ist er erschüttert, als er zwei Wochen später am Sterbebett der Mutter steht. Dann wird er selbst einberufen und steht an mehreren Fronten im Einsatz. Max Runge erlebt die ganze Furchtbarkeit des Völkermordens mit und entgeht wie durch ein Wunder dem Tode. In jenen Tagen versagen seine »Götter«. Der Schrei zu dem lebendigen Gott bleibt nicht unerhört. Die Frage: »Was hat Gott mit mir vor, daß ich dieser Hölle entgangen bin?« beschäftigt ihn, als er in englische Gefangenschaft gerät. In diese Zeit fällt die Begegnung mit dem Evangelium, das jetzt keine »Lehre« mehr ist, sondern lebendige, umwandelnde Wirklichkeit für ihn wird. Hören wir ihn selber:

»Meinen zwanzigsten Geburtstag feierte ich in englischer Kriegsgefangenschaft. Er stand unter der Spannung einer sich anbahnenden Lebenswende. Ich war mit einem baptistischen Kameraden ins Gespräch gekommen, der als Zeuge seines Herrn nicht von dem schweigen konnte, was er in der Nachfolge Jesu erlebt hatte. Von seinem Zeugnis war ich wohl berührt, aber nicht überzeugt, und vor allem sträubte ich mich dagegen, meine Jugend unter das Kreuz Christi zu stellen. So fand ich tausend Ausflüchte, wenn der Freund versuchte, mir die Notwendigkeit einer klaren Bekehrung deutlich zu machen.

Unser Weg ging durch verschiedene Gefangenenlager auf französischem Boden, und im Frühjahr 1919 fanden wir uns im Lager St. Orleans bei Rouen an der Seine. Dort bekam ich aus irgendeinem Anlaß fünf Tage Arrest und mußte in eine Einzelzelle der Arrestbaracke des Lagers. Ich ging frohen Mutes, denn diese fünf Tage versprachen zwar als Nahrung nur englischen Militärkeks und Tee, aber in solcher Menge, daß da gewiß noch ein guter Vorrat für künftige Tage überbleiben würde. Die beiden Pritschen, die an der linken Zellenwand übereinander angebracht waren, richtete ich mir so ein, daß ich die untere zu meiner Schlafstätte und die obere als die dem Fenster nähere zu meiner Wohnstatt erkor. Da saß ich nun am Morgen nach meiner Einlieferung, als der erwähnte Kamerad, der dem englischen Bewachungskommando als Dolmetscher zugeteilt war, in Begleitung der englischen Wache in die Zellentür trat, mir eine Bibel reichte und, schon im Gehen, sagte: ›Wir beten für dich!‹ – Mit dem ›Wir‹ meinte er eine kleine Gruppe von etwa sechs gläubigen Kameraden, die sich aus verschiedenen christlichen Gruppierungen im Lager zusammengefunden hatten, gemeinsam die Bibel lasen und miteinander beteten. Eine kleine, aber echte Allianzgemeinschaft, in der niemand den anderen nach seinem ›Woher‹ fragte, sondern jeder in dem anderen den Bruder sah, der den gleichen Weg mit ihm ging. Mir war das alles damals noch ganz unbekannt.«

Die Fürbitte ist Max Runge unheimlich. Er hat nicht danach gefragt, kann sie nur hinnehmen und sich gefallen lassen, daß er in eine Richtung gedrängt wird, gegen die er sich noch sträubt. Er liest planlos hier und da in der Bibel, verzweifelt an sich und der Welt. Dann fällt sein Blick auf Jesaja 38, Vers 17: »*Siehe, um Trost war mir sehr bange. Du aber hast dich meiner Seele herzlich angenommen, daß sie nicht verdürbe; denn du wirfst alle meine Sünden hinter dich zurück.*« Das ist die Wende. Gott hat geredet. Max Runge begreift plötzlich, was Vergebung ist, was das Kreuz auf Golgatha bedeutet. Alles früher Gelernte wird jetzt lebendig. Der Druck ist verschwunden und tiefer Friede in seinem Leben eingekehrt.

Von diesem Frieden, dieser Geborgenheit und Gewißheit, hat Max Runge noch einmal kurz vor seinem Heimgang in einer Bibelstunde auf Norderney gesprochen: »In den Briefen des Apostels Paulus finden wir immer wieder die besondere Formel: ›in Christus‹. Sie bedeutet: in Christus geborgen sein. Man stelle sich einen in stürmischer See ins Wasser gefallenen Seemann vor, der von einem Rettungsboot aufgefischt wird. Er befindet sich dann wohl noch im Sturm und in aller Not, aber er ist bereits mitten im Sturm geborgen in dem Schiff, das ihn aufgenommen hat. Menschen, die ›in Christus‹ sind, sind nicht herausgenommen aus den Nöten dieser Welt, aber sie sind jetzt schon geborgen in ihrem Heiland und Herrn.«

Seine Heilserfahrung, bei dem ein Bruder von den Baptisten Gottes Werkzeug war, hat Max Runge zu einem glühenden Evangelisten und zu einem leidenschaftlich weitherzigen Allianzmann werden lassen. Er hat bis an sein Lebensende nicht vergessen, was er den »Brüdern« verdankte. Wie oft ist er in späteren Jahren von Tagungen heimgekehrt und hat tiefbeglückt von den Brüdern erzählt, mit denen ihn gemeinsamer Dienst und Auftrag verband!

Die letzten Monate der Gefangenschaft bezeichnete Max Runge als eine herrliche Zeit: »Mit den wenigen gläubigen Kameraden saß ich nun auch zusammen mit der Bibel. Die anderen spotteten, wenn wir beteten. Was tat es? Später führten wir jeden Sonntag Evangelisations- und Zeugnisversammlungen durch. Es war die Zeit der brennenden ›ersten Liebe‹.«

Oktober 1919. Aus der Gefangenschaft heimgekehrt, sollte für Max Runge sofort die Predigerausbildung in der bekannten »Evangelistenschule Johanneum« in Wuppertal beginnen. Ein Platz war für ihn bereit. Familiäre Bindungen und Verpflichtungen aber stellten sich dem entgegen. Als sich 1927 die Türen des »Bahnauer Brüderhauses« in Ostpreußen öffneten, war Max Runge bereits kein Unbekannter mehr. Mithilfe in der EC-Jugendarbeit in Breslau und in der Mitternachtsmission, veröffentlichte literarische Arbeiten, die aus dem Bedürfnis der örtlichen Jugendarbeit entstanden waren, hatten ihn schnell bekannt gemacht. Der Eintritt in ein geprägtes Brüderhaus schien für einen »alten Hasen« ein Experiment zu sein. Das Experiment aber gelang, und mit großer Freude hat Max Runge immer wieder von dieser Zeit und der späteren Gemeinschaft mit seinen »Bahnauer Brüdern« gesprochen.

Der erste Ruf nach der Ausbildung führte ihn in die »Gasthaus-Mission« in Breslau. Gasthausangestellte, Kellner und Musiker bildeten seine Gemeinde, die oft erst nach Mitternacht zur Bibelstunde zusammenkommen konnte. Es entstand unter seinen Händen, abseits von aller Förmlichkeit und Steifheit, eine fröhliche, ungezwungene Jugendarbeit, die er mit dem Geist evangelistischer Liebe füllte. Es war begreiflich und folgerichtig, daß ihn 1930 der Deutsche Verband der Jugendbünde für entschiedenes Christentum (EC) in den Reisedienst berief. Bewegte und bewegende Jahre, die Runge durch alle Teile Deutschlands führten, schlossen sich an. Neben seiner Reisetätigkeit arbeitete er mit an dem Schriftgut des EC. Gedichte und Lieder von ihm fanden Eingang in die Jugendbünde. Eins dieser Lieder hat die EC-Weltbundtagung in Berlin 1930 mit geprägt:

»Es geht ein heiß Verlangen, ein Sehnen durch die Zeit.
Die Menschheit sucht mit Bangen nach Gott und Ewigkeit.
›Du sollst den Weg zum Frieden verkünden weit und breit!‹
Das ist der Ruf des Christus an die Jugend unserer Zeit.«

Bis heute wird in den Jugendbünden auch fröhlich und gern das Lied gesungen:

»Wir schämen uns der Botschaft nicht, die fröhlich wir verkünden:
Es starb am Kreuze im Gericht ein Heiland für die Sünden.
Er zahlte dort das Lösegeld für alle Schuld der ganzen Welt.
Heil dem, der ihn zum Herrn erwählt und gläubig ihm vertrauet!«

1932 führte Max Runge der Weg aus dem Reisedienst in die Jugend- und Gemeinschaftsarbeit nach Württemberg. Aufregende Jahre folgten. Politische und private Probleme nahmen ihn in die Schule. Unter den Schwaben aber fand er Freundschaften, die bis ins Alter hinein hielten.

In diese Zeit fiel die Heirat mit seiner Verlobten, der Schwester eines Breslauer Jugendbündlers. Max Runge, Schlesier, Hedwig Marx, Westfälin aus dem Siegerland, verbanden sich in einem innigen Band der Liebe und des gemeinsamen Glaubens, Dienens und Leidens.

1937 mußte Runge seinen Dienst als Kreisjugendwart des Kirchenkreises Calw quittieren. Es wurde ihm Sabotage der Hitlerjugend vorgeworfen. Ihm kam diese Entlassung gar nicht so ungelegen, hatte er doch den Dienst in den Grenzen eines Kirchenkreises oft als einengende Fessel empfunden. Andererseits galt es nun, dem Herrn tapfer vertrauen. Als freier Evangelist stand er ohne festes Einkommen da, und sein dreijähriger Sohn und das eben geborene Töchterchen erwarteten täglich ihr Mahl. Wer hat damals dem hingebungsvollen Boten Gottes angemerkt, wie dünn die wirtschaftliche Basis war, auf der er stand? Wer wußte, wie das Ehepaar Runge sich von einem Tag zum anderen hindurchglaubte und hindurchbetete? Jedoch: der Ruf zum Dienst erfolgte immer wieder. Der Herr half durch. Mit etwas Bitterkeit und Heiterkeit zugleich erinnerte sich Runge an eine einwöchige Evangelisation, die neben dem geistlichen Segen den Veranstaltern auch eine gute Kollekte eingebracht hatte. Als er vor seiner Abreise bescheiden anfragte, ob man ihm vielleicht das Fahrgeld erstatten könne, von einem »Honorar« ganz zu schweigen, hat ihm der Gemeinschaftsleiter bedeutet: »Aber Brüderchen, für den Herrn ist kein Opfer zu groß! Nicht wahr?« Großzügig habe man ihm dann doch die »Anreise« erstattet.

Solche Erlebnisse haben Max Runge nicht entmutigt. Aber für die Familie gab es doch etwas mehr »Sicherheit«, als der »Gnadauer Blaukreuzbund« den Vater in seinen Dienst rief. Der damit verbundene Abschied aus dem liebgewordenen Württemberg war schmerzlich. Es folgte der Umzug in das fremde große Berlin. Es öffneten sich dadurch neue Perspektiven für die Zukunft. Der kurz darauf ausbrechende Krieg jedoch setzte allen Plänen ein vorläufiges Ende. Bis 1943 konnte Max Runge noch als Evangelist tätig sein, dann wurde auch er als Soldat eingezogen.

Als er die Uniform wieder ablegte, galt es, im Dienst ganz von vorn anzufangen und neu aufzubauen. Aber wo, was und wie? Alles war in Frage gestellt. Deutschland war in zwei Teile gespalten. Berlin war eine geteilte Welt für sich. Die Blaukreuzarbeit mußte aufgegeben werden. Am Stadtrand von Berlin wohnend, konnte Max Runge noch einige Verbindungen hin und her pflegen. Es war unerläßlich, im Gesamtwerk des »Gnadauer Verbandes« der neuen Situation Rechnung zu tragen. Runge schreibt darüber:

»Wie von selbst entstand im Jahre 1951 aus der Geschäftsstelle des Gnadauer Blaukreuzbundes das Sekretariat ›des Evangelisch-kirchlichen Gnadauer Gemeinschaftswerkes‹. Ich wurde mit seiner Leitung betraut. Hier fließen nun die Fäden der Gnadauer Gesamtarbeit innerhalb der Kirchen in der DDR zusammen. Von hier aus geht auch das Gnadauer Schrifttum in unsere Gemeinschaften hinein, von hier werden die Gnadauer Gesamtkonferenzen vorbereitet, und manches andere mehr geschieht.«

Arthur Mütze, der Vorsitzende des Gnadauer Gemeinschaftswerkes, hatte Runge beauftragt, diese zentrale Dienststelle zu schaffen. Der Gnadauer Sekretär war »Chef« und »Angestellter« seiner Dienststelle in einer Person. »Gnadau-Ost« bekam eine »Seele«, von der her sein Leben gesteuert wurde. In verschiedenen kirchlichen Gremien war Gnadau durch Runge vertreten. Die Predigerschule »Paulinum« bat um seine Mitarbeit. In zahlreichen Vorständen wurde sein Rat eingeholt. Die Entwicklung der »Gnadauer Bibelschule« in Falkenberg (Mark) wurde von ihm tatkräftig unterstützt. Weiterhin galt seine Liebe den Entwurzelten und Süchtigen, denen die »Evangelische Arbeitsgemeinschaft zur Abwehr der Suchtgefahren« nachging.

Neben der Vorbereitung der großen Konferenzen trat Gnadau durch Max Runge literarisch wieder in die Öffentlichkeit. Unermüdlich wurden Möglichkeiten ausgelotet, Schrifttum herauszubringen. Liederbücher wurden überarbeitet und herausgegeben. Berichtsbücher wurden zusammengestellt. Bände mit Zeugnissen vom Wirken Gottes wurden veröffentlicht. Ein umfassendes Werk über Johannes Seitz, einen der Väter der deutschen Gemeinschaftsbewegung (1839–1922) kam aus Runges Feder. Anderen Schriftstellern ebnete er organisatorisch und stilistisch den Weg.

Im Sommer 1968 wurde Max Runge einsam. In unermüdlicher Hingabe hatte er seiner immer kränker werdenden Gattin zur Seite gestanden – Tag und Nacht. In Woltersdorf, in der Nähe von Berlin, der alten Hauptstelle der EC-Bewegung, ging Hedwig Runge im Glauben an ihren Heiland heim. Die Kinder hatten längst ihren Weg gefunden, der Sohn als Pfarrer, die Tochter als Pfarrfrau. Nun galt es zurückzustecken. Max Runge tat es langsam, bedächtig, aber stetig. Ein Amt nach dem anderen legte er aus der Hand.

Im Frühjahr 1970 bezog er ein Zimmer im Haus »Gottesfriede« in Woltersdorf. Als Vorsitzender des Kuratoriums des »Verbandes zur Pflege tätigen Christentums« konnte er noch manchen kleinen und großen Dienst tun. Dieser »Feierabend« sollte nicht lange währen. Im August trat er die Besuchsreise zu seinen Kindern auf der Insel Norderney an. Dort liegt heute noch ein Packen Schreibpapier, mit dem er sich in seine stille Klause in Woltersdorf zurückziehen wollte, um die Vergangenheit wach werden zu lassen und ein Stück Gnadauer Geschichte festzuhalten. Das war der Wunsch für seinen Feierabend: fern von allem Kleinkram des Alltags in aller Stille Rückschau zu halten und zu schreiben. Er dachte nicht an »Memoiren« im üblichen Sinne. Gottes Spuren in seinem Leben wollte er nachgehen. War es Zufall, daß seine letzte Verkündigung, eine am 30. August 1970 in Horn/Lippe gehaltene Bibelstunde, eine Auslegung des 103. Psalms war: »*Lobe den Herrn, meine Seele, und vergiß nicht, was ER dir Gutes getan hat!*«?

Max Runges Pläne für seine letzte Wegstrecke sind nicht mehr verwirklicht worden. Wäre es dazu gekommen, hätte er im Rückblick auf die Vergangenheit und in der Vorschau auf die Ewigkeit gewiß öfter still innegehalten und gesagt: »Ich bin so richtig glücklich!«

Hermann Flake

# Max Fischer

*Geb. 27. 8. 1900 in Wernigerode/Harz. 1920 Eintritt in das Gemeinschaftsbrüderhaus Preußisch Bahnau in Ostpreußen. 1924 – 1945 Prediger in den landeskirchlichen Gemeinschaften Jodßen, Tilsit, Kleffelstraße und Königsberg, Knochenstraße. 1945 Gemeindpfarrer in Unterweißach/Württemberg. 1946 Leiter der Bahnauer Bruderschaft. 1948 Neugründung der Bahnauer Missionsschule. Gest. 15. 2. 1967.*

*Von Ostpreußen nach Württemberg*

Max Fischer entstammte einem alten hanseatischen Kaufmannsgeschlecht. Er verlor sehr früh seinen Vater. Daraufhin zog die Mutter mit ihrem einzigen Kind nach Danzig. In den Kreisen des dortigen EC kam der Sechzehnjährige zum lebendigen Glauben an Jesus Christus.

Kennzeichnend für den Geist in den Erweckungskreisen jener Jahre war der Zeugniseifer von dem erfahrenen Heil. So sah man auch sehr bald den jungen Max Fischer ältere Brüder auf die Außenstationen der Danziger Gemeinschaft begleiten. Es dauerte nicht lange, bis er selbst die ersten Schritte im Dienst am Wort wagte.

In seiner Ausbildungzeit in Preußisch-Bahnau erkannten seine Lehrer und bald auch seine Klassenbrüder, daß ihm Gott besondere Gaben anvertraut hatte. Das wurde an seinen Probepredigten, Andachten und Aufsätzen und in der Mitarbeit in den Jugend- und Gemeinschaftskreisen, die von Bahnau aus bedient wurden, erkennbar.

Dem erst Einunddreißigjährigen wurde die Arbeit in der großen Königsberger Gemeinschaft »Bethlehem« mit ihren mehr als 500 Mitgliedern und ihrer blühenden Jugendarbeit übertragen. In jenen Jahren knüpfte Max Fischer Beziehungen mit führenden Männern gläubiger Theologie in der Kirche und an der Universität an, besonders mit den Professoren Julius Schniewind und Hans-Joachim Iwand. Diese Verbindung wirkte sich befruchtend auf das geistliche Leben Ostpreußens aus. Der Ausgang des Zweiten Weltkrieges hat hier eine Entwicklung jäh abgebrochen, die wie eine große Verheißung über Kirche und Gemeinschaft aufgeleuchtet war.

Mit vielen Hunderttausenden ostpreußischer Menschen ist auch Max Fischer mit seiner Familie vor der hereinbrechenden Kriegsflut geflüchtet. Er kam nach manchen überstandenen Gefahren nach Württemberg, wo ein neues Kapitel seiner Lebensführung begann. Die Württembergische Landeskirche stellte ihn in ihren Dienst und beauftragte ihn mit der Leitung der Kirchengemeinde Unterweißach. Mehr als 20 Jahre hat er hier mit der ihm gegebenen Klarheit und Vollmacht das Evangelium verkündigt.

Der Gedanke, daß mit der verlorenen Heimat im Osten auch das Ende des Bahnauer Werkes gekommen sein sollte, ließ ihm keine Ruhe. Kaum waren ihm nach dem Zusammenbruch die Anschriften der überlebenden Bahnauer Brüder bekannt, rief er diese zu einer ersten Nachkriegskonferenz nach Bad Sooden-Allendorf in Hessen zusammen. Im Mittelpunkt der Beratungen stand die Frage, ob die Bahnauer Bruderschaft auch weiterhin beieinander bleiben und wieder junge Brüder zum Dienst am Wort ausbilden oder ob sie sich auflösen bzw. einer andern westlichen Bruderschaft anschließen wolle. Mit großer Einmütigkeit entschieden sich die anwesenden Brüder für das erstere. Sie wählten Max Fischer zu ihrem Leiter und gaben ihm den Auftrag, ein geeignetes Objekt für ein neues Brüderhaus zu suchen. Dieses fand sich bald darauf in seiner Gemeinde in Unterweißach. Eine alte Gaststätte wurde zum Stammhaus der neugegründeten Evangelischen Missionsschule. Bald stellten sich auch die ersten jungen Brüder ein, um in einer vierjährigen Ausbildungszeit zum Dienst in Kirche und Gemeinschaft vorbereitet zu werden. Es waren reiche und rastlose Jahre des Wirkens bis zu seinem Heimgang, in denen Max Fischer der gesegneten Doppelaufgabe in Brüderhaus und Kirchengemeinde oblag.

### »Gott hat etliche gesetzt zu Evangelisten . . .«

Evangelisten sind zu allen Zeiten Gnadengaben Gottes an seine Gemeinde gewesen, damit diese den Auftrag Jesu ausführe: *»Gehet hin in alle Welt und prediget das Evangelium aller Kreatur!«* Evangelisieren heißt: das in Christus geschehene Heil gottfernen Menschen vollmächtig anbieten, daß sie es im dankbaren und gehorsamen Glauben annehmen und sich in die Nachfolge Jesu rufen lassen. Hierzu bedürfen die vom Herrn der Kirche berufenen Boten einer besonderen Ausrüstung, einer geistgewirkten Begabung.

Max Fischer war das geistliche Pfund der Evangelisation in besonderer Weise anvertraut. Er prägte den Begriff »Textevangelisation«. In Vorbereitungskursen, die er Brüdern im evangelistischen Dienst gab, hat er sich deutlich von jener Art Evangelisation abgegrenzt, die sich als Vortragsreihe über zugkräftige religiöse Themen versteht und den Bibeltext mehr oder weniger nur als Sprungbrett gebraucht. Er hat selber gern über größere, zusammenhängende Bibelabschnitte evangelisiert, z. B. über den Römerbrief, über wesentliche Kapitel aus dem Propheten Jesaja, über das Buch Jona u. a. Es war für seine Hörer immer wieder ein ergreifendes Erlebnis, wie der Text anfing aufzuleuchten und die Herzen erfaßte und wie sich die Tür des Glaubens aufschloß.

Hier geben wir Waldemar Didschun, einem alten Freund Max Fischers, über eine Evangelisation in der ostpreußischen Heimat das Wort:

»Ich erinnere mich besonders an eine Evangelisation in unserer schönen Lutherkirche in Insterburg. Der Andrang war ungeheuerlich. Nicht nur daß die Kirche mit ihren Emporen sich füllte, sondern auch die Stufen zu den Emporen und zur Kanzel. In den Gängen standen die Leute so dicht zusammen, daß ich die Sorge hatte, die Polizei werde eingreifen.

Was war der Grund, daß nicht nur die interessierten Kreise sich zu den Vorträgen Max Fischers drängten, sondern auch die Gleichgültigen und sogar kirchenfeindliche Menschen?

Unser Bruder hat mit dem Ruf zur Bekehrung immer die Darbietung des unverkürzten Evangeliums von dem gekreuzigten, auferstandenen und erhöhten Herrn verbunden. Er dachte gar nicht daran, etwas anderes anzubieten. In dieser Hinsicht unterschied sich der Inhalt seiner Vorträge nicht von der Predigt eines positiven Pfarrers. Aber die Art der Verkündigung war freilich ganz anders als die gewohnte. Nicht als ob Max Fischer in eitler Effekthascherei für sich eine besonders auffällige und wirkungsvolle Form der Rede gesucht hätte. Die Art und Weise, wie er ein Wort der Heiligen Schrift auslegte und wie er brennende Tagesfragen mit dem Worte Gottes durchleuchtete, die leidenschaftliche Glut echter Überzeugung, die verblüffende Offenheit in allen seinen Vorträgen, die unnachahmliche Anschaulichkeit – das alles war es, was viele Hörer, besonders auch Männer, anzog. Dazu kam seine klare Stimme, die auch in größten Räumen bis in den äußersten Winkel vernehmbar war.

Wenn auch später in der neuen württembergischen Heimat infolge der vielen neuen Aufgaben Max Fischer sich nicht mehr selber so intensiv als Evangelist und Seelsorger betätigen konnte, so kam er nie von der Frage los: »Wie bringen wir das Evangelium besser an die der Kirche völlig entfremdeten Menschen heran?« Der Gedanke, daß auf zahlreichen Campingplätzen, in vielen großen Neusiedlungsgebieten, aber auch vielerorts in der evangelischen Diaspora keine oder nur geringe geistliche Versorgung gegeben ist, ließ ihm Tag und Nacht keine Ruhe. So entstand in ihm langsam der Plan einer fahrbaren Kirche, die zu volksmissionarischen Einsätzen die geistlichen Notstandsgebiete aufsuchen sollte. Im Sommer 1955 fuhr der erste Wagen der Bahnauer Wagenmission »Kirche unterwegs« ins Land hinaus. Dieses Unternehmen ist Modell für eine Reihe anderer Landeskirchen geworden, die diese moderne Art heutiger Evangelisation auch aufgenommen haben.

Es kamen damals so viele Leute zur Seelsorge, daß wir drei Zimmer zu Wartezimmern einrichten mußten. Wir haben alle Stühle in unserer Wohnung zusammengetragen. Meine Frau und ich saßen in der Küche auf der einzigen Sitzgelegenheit, die noch übriggeblieben war – auf einer Küchenbank. Da die Mitternachtsstunde heranrückte, wollte ich Bruder Fischer bitten, die Seelsorge zu unterbrechen. Ich schaute durch das Schlüsselloch und sah zwei Augen, die den hilfesuchenden Besucher mit erbarmender Liebe anschauten und davon Zeugnis gaben, daß dieser Seelsorger sein Leben restlos seinem Heiland ausgeliefert hatte.«

## ». . . etliche zu Lehrern«

Neben der Gnadengabe evangelistischer Verkündigung war Max Fischer auch das Charisma einer biblisch gebundenen Theologie gegeben. Wie hat er es als Leiter der Ev. Missionsschule verstanden, seinen Schülern die Herrlichkeit des Wortes Gottes groß zu machen! Immer wieder wies er sie darauf hin, daß das Evangelium mehr als eine Lehre im üblichen Sinne sei, daß es darreicht, was es beschreibt. Ein oft gehörter Ausspruch aus seinem Munde war: »Gottes Wort schafft, was es sagt.« Immer wieder hat er es seinen jungen Brüdern bezeugt, daß der auferstandene Herr mit seinem Worte unauflöslich verbunden ist und daß allein in, mit und unter dem Wort Christus zu uns kommt und sein Werk treibt. Darum gelte es, all unser Vertrauen auf das Evangelium zu setzen und Gottes Reich mit keinem andern Mittel bauen zu wollen als mit diesem allein.

Seine Schüler sollten begreifen, daß Jesus Christus, der Gekreuzigte und Auferstandene, und die Rechtfertigung des Sünders durch ihn die Mitte der Schrift darstellt.

Wichtige Themen seines Unterrichts bzw. seiner Vorträge auf Brüderkonferenzen waren die Entfaltung der paulinischen Lehre von Gesetz und Evangelium in ihrer Unterschiedlichkeit und doch gleichzeitigen Bezogenheit aufeinander und die ausführliche Darstellung der Kreuzestheologie Martin Luthers.

Max Fischer war zeitlebens dankbar für die Ausbildung, die er im alten Bahnau empfangen hatte. Hier hatte er seine Grundprägung erhalten. Dazu kam die Begegnung und die spätere Verbundenheit mit Pastor D. Walter Michaelis, dem langjährigen Vorsitzenden des Gnadauer Gemeinschaftsverbandes. Dessen theologische Arbeiten über das Evangelium in unserer Verkündigung haben ihn schon in den Anfangsjahren seines Dienstes stark beeinflußt. Vor allem aber waren es die Freundschaften mit dem bedeutenden Neutestamentler Prof. Julius Schniewind und mit dem hervorragenden Lutherkenner Prof. Hans-Joachim Iwand sowie mit andern Männern gläubiger Theologie, die seine theologische Erkenntnis erweitert und vertieft haben. So reifte langsam der Mann heran, der der Bahnauer Bruderschaft und darüber hinaus auch der Kirche und weiten pietistischen Kreisen kräftige geistliche Impulse gegeben hat.

Mußte ein Mann, dem in zunehmendem Maße auch kirchliche Aufgaben und Ämter zuwuchsen, sich nicht langsam der Gemeinschaftsbewegung entfremden? Für Max Fischer, dessen geistliche Heimat der ostdeutsche Pietismus war, gab es keinen Bruch in seiner Haltung. Er blieb Pietist und wußte sich bis zu seinem Tode der deutschen Gemeinschaftsbewegung unwiderruflich verpflichtet. Aber leidenschaftlich setzte er sich dafür ein, daß Kirche (wie sie sich ihm in der württembergischen Landeskirche darstellte) und Gemeinschaft, bibelgebundene Theologie und Pietismus zusammengehören, zusammenfinden, zusammenbleiben und einander mit den ihnen gegebenen Gaben dienen. Immer wieder hat er betont: Die Kirche bedarf einer notwendigen Ergänzung und Korrektur ihrer landläufigen Predigt, die oft zu wenig und zu unklar auf die Bekehrung des Menschen zielt und auch zu schwach darzustellen vermag, was die Gemeinschaft der Heiligen nach dem dritten Glaubensartikel ist. Die Gemeinschaftsbewegung braucht wiederum den Dienst einer am Worte Gottes gebundenen Theologie, daß diese ihr zu einem ständigen, intensiven, auch den gedanklichen Problemen nicht aus dem Wege gehenden Bibelstudium helfe. Sonst droht ihr geistliche Unfruchtbarkeit und Anfälligkeit für alle Schwärmereien unserer Zeit.

## ». . . und bekannt hast ein gutes Bekenntnis«

Ein Theologe aus Leidenschaft – wie Max Fischer einer war – konnte nicht zu den großen Irrtümern unserer Zeit schweigen. Als sich 1934 die Bekennende Kirche auch in Ostpreußen in Abwehr deutschchristlicher Gewaltherrschaft und Irrlehre formierte, war er sofort dabei. Die bekenntnistreuen kirchlichen Kreise waren in der großen Verlegenheit, für ihre größeren Veranstaltungen über keine entsprechenden Räume zu verfügen, weil in den zuständigen kirchlichen Gremien die Deutschen Christen regierten. Da sprang der junge Prediger der Landeskirchlichen Gemeinschaft »Bethlehem«, Max Fischer, helfend ein. Im Einvernehmen mit seinen Vorstandsbrüdern stellte er der verfolgten Kirche den großen Gemeinschaftssaal zur Verfügung, ohne zu fragen, welche Folgen das für die eigene Arbeit haben könnte.

Es war ein bedeutsames Ereignis, daß die erste ostpreußische Bekenntnissynode in den Räumen einer landeskirchlichen Gemeinschaft stattfand. Damit wurde in aller Öffentlichkeit sichtbar, daß sich Männer der Landeskirche, der Gemeinschaften und der Theologie zum Widerstehen und Bekennen zusammengefunden hatten. Dieses Zusammenfinden hat einige Jahre später seinen äußeren, damals unerhörten Ausdruck darin gefunden, daß Max Fischer 1941 als Pfarrer an die Lutherkirche in Königsberg berufen wurde. Er war und blieb zugleich der Leiter einer landeskirchlichen Gemeinschaft.

Bereits 1934 war er in den Bruderrat der Bekennenden Kirche Ostpreußens gewählt worden und bald darauf als Mitglied in die Bekenntnissynode der Kirche der altpreußischen Union. Es konnte nicht ausbleiben, daß die Geheime Staatspolizei auf ihn aufmerksam wurde, was zu überraschenden Hausdurchsuchungen und polizeilichen Vernehmungen führte. Mehr als einmal stand er um seines tapfern Eintretens für das biblische Zeugnis willen in der Gefahr, verhaftet zu werden. Daß er dem entgangen ist, war allein der schützenden Hand Gottes über ihm zu verdanken.

Wir wollen Max Fischer selber einen der dramatischen Tage jener Zeit beschreiben lassen:

»Alljährlich, bis zum Jahre 1938, hielten wir am Himmelfahrtstag in Bahnau die EC-Konferenz. Eigentlich war es ja verboten, daß junge Menschen zu einer solchen Tagung zusammenkamen, und die Hitlerjugend (HJ) stellte gelegentlich Spähtrupps aus, aber unsere Jungen waren auch gewitzt und wußten sie zu umgehen. So kamen denn Jahr um Jahr etwa 1000 junge Menschen in Bahnau zusammen, um sich für ihren Weg und Dienst rüsten zu lassen. Auch bei dieser Gelegenheit erlebten wir wunderbare Bewahrungen.

Im Jahre 1937 war es mir aufgetragen, der EC-Jugend, die zusammengekommen war, einen Vortrag über das damals weit verbreitete Buch von Alfred Rosenberg »Der Mythos des 20. Jahrhunderts« und unsere evangelische Stellungnahme dazu zu halten. Das war nun zweimal verboten. Man durfte vor jungen Menschen über Rosenbergs Mythos niemals kritisch reden. Doch es war der Leitung des EC-Verbandes in Ostpreußen klar, daß wir die feindliche Position aufzeichnen und die rechte Flagge hissen müßten. Die große Schar der Jugendlichen hatte im Saal des Jubiläumsbaues nicht Platz, darum saßen wir im großen Obstgarten unter den Apfelbäumen im Schatten. Es war ein wundervoller Maientag.

Als ich das Podium bestieg, sah ich im Mittelgang ziemlich hinten in der Versammlung einen SS-Mann (SS= Schutzstaffel, nationalsozialistische Kampfformation) in Uniform sitzen. Es war mir sofort klar: »Wenn du deinen Vortrag so hältst, wie er aufgeschrieben ist, dann kommst du heute abend nicht mehr heim. Und wer weiß, was das auch für das Werk bedeuten kann?«

Aber als ich anfing zu reden, überkam mich eine Furchtlosigkeit, so daß ich mir sagte: »Wenn du heute vielleicht zum letztenmal reden darfst, dann soll es sich auch gelohnt haben, dann soll jedermann wissen, worum es geht!«

So vergaß ich denn den SS-Mann und hielt meinen Vortrag mit allem Ernst und mit aller Entschiedenheit, die mir gegeben war. Als die Versammlung zu Ende war, sprang der junge SS-Mann auf und wollte nach Heiligenbeil zur Geheimen Staatspolizei (Gestapo), um mich anzuzeigen. Doch war er zu dieser Tagung mit einem jungen Mädchen gekommen, das ihm sagte: ›Wenn du das hier anzeigst, dann ist es zwischen uns beiden aus!‹ Das aber wollte er nun nicht riskieren, und so unterblieb die Anzeige. Ich kam an jenem Abend wieder heim, und die Gestapo hat von meinem Vortrag nie etwas erfahren. Auch unser Werk in Bahnau blieb verschont.«

Als der neue Kirchenkampf mit der modernen, neurationalistischen

Theologie heraufzog und diese den ungebrochenen Glauben an die menschliche Vernunft proklamierte, da war es nicht verwunderlich, daß ein Mann wie Max Fischer, dem das Bekennen und das Einstehen für das volle, unverfälschte Evangelium Lebensinhalt war, wiederum aufs höchste beunruhigt wurde und Alarm schlug. Abhold aller pauschalen Schlagworte, Entstellungen und Vereinfachungen war er bestrebt, in ernster, theologischer Arbeit die Irrwege des Neurationalismus aufzuzeigen. Die Plattform hierfür waren ihm – abgesehen von der Kanzel in seiner Gemeinde und dem Unterricht in der Missionsschule – die Bekenntnisgottesdienste hin und her in Württemberg und darüber hinaus.

Im Dezember 1965 wurde Max Fischer mit hoher Stimmenzahl in die Landessynode der Evangelischen Kirche in Württemberg gewählt. Nur noch ein Jahr konnte er die Anliegen der bekenntnistreuen Kreise mit Entschiedenheit vertreten. Dann nahm ihm der Herr das Schwert des Wortes aus den Händen. Gott aber sei gedankt: Andere führen es – gerade in Württemberg – tapfer weiter.

Erich Engelbrecht

## Das Fest und der Brückenkopf

*Aus einer Predigt von Max Fischer über Offenbarung 22, 12–17:*

»Die Offenbarung Johannes sagt uns: wir gehen auf ein großes Fest zu. Das hört der Mensch gerne. Wir feiern gerne ein Familienfest, wo die Familie zusammenkommt, um sich zu freuen, – oder ein Volksfest. Das hier ist ein Menschheitsfest, ein Fest, an dem Himmel und Erde, Gott und die Menschen, Christus und die Engel teilnehmen.

Wer hat Zutritt bei diesem Fest? – Der Herr Jesus Christus erzählte in seinen Erdentagen das Gleichnis von der königlichen Hochzeit. *›Und als er hineinging, die Gäste zu besehen, da kam ihm einer vor, der hatte kein hochzeitlich Kleid an. Und der Herr sprach zu ihm: Freund, wie bist du hereingekommen und hast doch kein hochzeitlich Kleid an?‹* – Meine Lieben, wir haben alle kein hochzeitlich Kleid an, sondern unsere Werke, Worte und Gedanken sind Flecken auf unserem Gewand, die uns ausschließen von der Feier.

Ja, kann man die Flecken denn entfernen? Es klingt hier ein Wort an aus Offenbarung 7; die, die da teilhaben an der Herrlichkeit, *›hab ihre Kleider gewaschen im Blut des Lammes.‹* Da wird von dem Tod Jesu gesprochen. Er starb um unseretw' er Gottes Gericht an unserer Statt auf sich nahm. Und er hat sein Leben hingegeben und sein Blut vergossen, und nun sagt hier das Bild: Dieser Quell wäscht unsere Kleider rein! Gereinigt sein heißt: Vergebung der Sünden haben. Wer sie empfangen hat, der wird sich ihrer rühmen, und der hat Zutritt zu dem Fest seines Herrn, zu der königlichen Hochzeit, die in Ewigkeit dauert. Wer seine Kleider wäscht in diesem Quell, der hat Macht an dem Baum des Lebens, und der wird eingehen zu den Toren der ewigen Stadt. Das heißt: Vergebung bringt Anteil am ewigen Leben und schenkt das Bürgerrecht in Gottes neuer Welt.

Die Gemeinde Jesu Christi ist wie ein Brückenkopf. Das ganze Land ist besetzt von feindlichen Gewalten, aber eine Stelle ist noch ausgespart, da sammelt sich die Gemeinde. Wir kennen das von unserer Flucht aus Ostpreußen, wo das Land weithin schon von den Russen besetzt war. Auf der Nehrung, auf einem schmalen Streifen, da fanden wir uns zusammen, und da kam ein Schiff und nahm uns mit ins Leben und in die Freiheit. So ist die Gemeinde ein Brückenkopf, dahin muß man fliehen. Und wer den Brückenkopf meidet, der meidet die Rettung. Wer nicht zur Gemeinde kommt und sich nicht dazu hält, wird nicht abgeholt, sondern der kommt in das Chaos, in den Untergang.

Wir wissen von unserem Bruder Ernst Krupka, dem bekannten Evangelisten, daß er bei der Rettung einer abgestürzten Seilmannschaft mit noch einem Mitglied dieser Mannschaft hinuntergerissen wurde in die Tiefe, zweihundert Meter hinab in die Tiefe! Da auf dem Gletscher, da lag sie nun, die Verunglückte, die er hatte retten wollen, und er mit gebrochenem Arm. Und dann kam die Rettungskolonne und konnte des schwierigen Weges wegen nur eine nehmen, nämlich die Verunglückte, und er, unser Bruder, mußte in der Gletschernacht bleiben, mit gebrochenem Arm, mit furchtbaren Schmerzen, ohne warme Bekleidung. Von da an hat er einen gelähmten rechten Arm. Wie hat er sich gefreut, als der Morgen kam! Meine Lieben, wir Menschen sind oft diesem Abgestürzten gleich, und unser Leben ist wie das Leben in einer Gletschernacht, voller Schmerzen, voller Qualen, in Erwartung der Hilfe aus der Not. Jesus ist der helle Morgenstern. Auf ihn wollen wir hoffen!«

# In der TELOS-Paperbackreihe erscheinen folgende Titel

TELOS-Paperback 2008
Arno Pagel, SIE FÜHRTEN ZU CHRISTUS
176 Seiten

In diesem Band werden vorgestellt:

Ernst Modersohn
Ruth Modersohn
Paul Kuhlmann
Ernst Christoffel
Paul Le Seur
Otto von Reden
Paul Humburg
Wilhelm Heinsen
Hermann Mettel
Fürstin Sophie Lieven

Fritz Heinrici
Anna Kolitz
Vollrath Müller
Walter Zilz
Paul Schmidt
Friedrich Heitmüller
Daniel Schäfer
Arthur Mütze
Kurt Raeder
Erich Schick
Heinz Stossberg


TELOS-Paperback 2009
Arno Pagel, SIE RIEFEN ZUM LEBEN
184 Seiten

In diesem Band werden vorgestellt:

Karl Heim
Anny Hahn
Bernhard Bez
Johannes Roos
Ernst Saur
Emilie Losereit
Otto Kaiser
Julius Schniewind
Otto Schmitz
Heinrich Kamphausen

Heinrich Stöckle
Paul Tegtmeyer
Arno Haun
Paul Stäbler
Fritz Rienecker
Heinrich Müller
Werner de Boor
Hermann Haarbeck
Heinrich Uloth
Ernst Aebi
Arthur Pretel